Karl-Heinz Schneider

Gänsezucht und Gänsehaltung

Dr. Karl-Heinz Schneider

Gänsezucht und Gänsehaltung

Das Handbuch für die Praxis

2., überarbeitete Auflage

Oertel+Spörer

Bibliografische Information der Deutschen Nationalbibliothek
Die Deutsche Nationalbibliothek verzeichnet diese Publikation in der Deutschen Nationalbibliografie; detaillierte bibliografische Daten sind im Internet
über http://dnb.d-nb.de abrufbar.

© Oertel+Spörer Verlags-GmbH+Co.KG · 2010
Postfach 16 42 · 72706 Reutlingen
Alle Rechte vorbehalten
Schrift: 9/11 p Stone Sans
Lektorat: Dr. Gabriele Lehari
Umschlaggestaltung: Uhl+Massopust, Aalen
DTP und Repro: raff digital gmbh, Riederich
Druck und Bindung: Oertel+Spörer Druck und Medien-GmbH+Co., Riederich
Printed in Germany
ISBN 978-3-88627-553-3

Inhalt

Vorwort

Vorwort zur 1. Auflage

Die Gans zählt zu einer der ältesten und traditionsreichsten Hausgeflügelarten auf der Welt. Als Nutztier geschätzt ist sie vor allem wegen ihres wohlschmeckenden dunklen Fleisches sowie ihrer vorzüglichen Federn und Daunen zur Herstellung hochwertiger gesunder Bettwaren. Dank ihrer geringen Ansprüche an Haltung und Fütterung sowie ihrer Anhänglichkeit und Bindung zum Menschen gilt sie als ein ideales und beliebtes Haustier.

Gänse sind von Natur aus Weidetiere und somit gut auf eine Nahrungsaufnahme von Grünland angepasst. Die Besonderheiten in Bau und Physiologie ihres Verdauungsapparates versetzen sie als einziges Geflügel in die Lage, aus Gras oder anderen Grünfuttermitteln Eier, Fleisch und Federn zu erzeugen. Sie sind in einem weit geringeren Umfang auf Getreide und Importeiweißfuttermittel angewiesen als anderes Mastgeflügel. Zudem können sie sich wegen ihrer hohen Bewegungsaktivität und großen Lauftüchtigkeit bei entsprechendem Weideangebot und -aufwuchs einen Großteil ihres Futters selbst suchen.

Die auf überwiegend Freilandaufenthalt beruhende Lebensweise besagt, dass es sich bei Gänsen um ein ausgesprochenes Auslauf- oder Extensivgeflügel handelt, welches für geschlossene Haltungssysteme nicht in Betracht kommt. Wie bei keiner anderen Geflügelart können sich durch umsichtiges und verständnisvolles Eingehen auf das Verhalten enge erbauliche Kommunikationen zwischen Tier und Mensch entwickeln, die sonst im Rahmen der modernen Tierproduktion kaum noch anzutreffen oder vorstellbar sind. Nicht zuletzt darauf beruht auch der besondere Reiz der Gänsehaltung für Hobby- und Rassegeflügelzüchter.

Durch Jahrhunderte war die Gans für die bäuerliche und dörfliche Bevölkerung die wichtigste Quelle zur Selbstversorgung mit Fleisch und Federn. Wirtschaftliche Gesichtspunkte spielten dabei kaum eine Rolle, sodass eine Zucht auf Leistung nicht erfolgte und die Nutzleistungen auf einem sehr niedrigen Niveau verharrten.

Dem in der Mitte des vorigen Jahrhunderts in der Landwirtschaft und in den anderen Zweigen der Geflügelproduktion einsetzenden Intensivierungsprozess konnten die Gänse dann nicht standhalten. Zum einen ging ihnen durch Wegfall der extensiven Grasland- und Weidewirtschaft eine wichtige Lebensgrundlage verloren und zum anderen kam in großem Umfange preiswerteres mageres Geflügelfleisch auf den Markt. Die Folge war ein dramatischer existenzbedrohender Bestandsrückgang, besonders in Deutschland.

Durch Einführung moderner Zuchtmethoden und die Einleitung intensiverer Forschungsarbeiten über Haltung, Fütterung und Hygiene gelang es schließlich, die Gänseproduktion zu einem landwirtschaftlichen Betriebszweig für den Einkommenserwerb zu entwickeln und den Fortbestand der Gänsehaltung in Deutschland zu sichern.

Ungeachtet ihres Saisoncharakters stellt die Gänsefleischerzeugung heutzutage eine günstige, einkommensträchtige Nebenproduktion dar, welche mit geringem Kapitaleinsatz betrieben werden kann. Der traditionelle Gänsebraten zu Weihnachten erfreut sich wegen seines vorzüglichen arttypischen Geschmacks trotz gelegentlicher Kritik am Fettgehalt beim Verbraucher bleibender Beliebtheit. Steigend ist die Nachfrage nach Schlachtgänsen aus heimischer Produktion, die aber zurzeit nur etwa ein Sechstel des Verbrauchs abdeckt. Mit der in jüngster Zeit erfolgten Umorientierung der Landwirtschaft auf eine umweltverträgliche und nachhaltige Nutzung des Bodens sowie der Tierbestände eröffnen sich für Gänse aufgrund ihres positiven ökologischen Potenzials hinsichtlich Fleischerzeugung und Landschaftspflege erneut günstigere Haltungsvoraussetzungen.

Die Gänsezucht und -haltung wieder populärer zu machen und stärker zu verbreiten sowie ihr Potenzial wirtschaftlich und züchterisch besser und effektiver zu nutzen, ist Hauptanliegen dieses Buches, indem es die spezifischen Sachverhalte und das notwendige Hintergrundwissen auf der Grundlage des neuesten Entwicklungsstandes vermittelt.

Neben Ergebnissen und Erfahrungen aus meiner 40-jährigen Beschäftigung mit Gänsen in Forschung und Lehre an der Universität Leipzig sowie in der Züchtungs- und Produktionspraxis liegt dem Inhalt eine umfassende Auswertung des in- und ausländischen Gänseschrifttums zugrunde. Eingeflossen sind außerdem zahlreiche wertvolle Hinweise aus der Praxis, insbesondere vom Gänsezuchtbetrieb Königswartha-Lippitsch/Oberlausitz, für die ich mich an dieser Stelle bedanken möchte.

Das Buch wendet sich als Ratgeber und Anleitung an „jedermann", das heißt sowohl an Gänsehalter und Gänseproduzenten als auch an Wirtschafts- und Rassegänsezüchter. Darüber hinaus möchte es ebenfalls Anfängern und Außenstehenden die Gänse näher bringen, damit sie diese schätzen lernen. Um einen solchen breiten Anspruch erfüllen zu können, muss ein Buch bezahlbar sein. Das bedeutet, eine große fachliche Palette allgemein verständlich auf engem Raum abzuhandeln und auf tief gehendere wissenschaftliche Ableitungen und Erörterungen zu verzichten.

Entscheidenden Anteil an der Verwirklichung dieses Vorhabens hat das Verlagshaus Oertel+Spörer durch die Konzipierung, Herausgabe und gelungene Gestaltung des Titels „Gänsehaltung für jedermann" auf der Grundlage des Vorläufers „Gänse". Der Verlagsleitung und besonders Herrn Reiner Morbitzer gilt dafür mein großer Dank.

Leipzig, März 2002   Karl-Heinz Schneider

Vorwort zur 2. Auflage

Das Interesse vieler passionierter Züchter und Tierhalter für Geflügelzucht und -haltung ist ungebrochen, was die Resonanz auf die Erstausgabe meines Gänsebuchs zeigt. Ich danke den Lesern, die so das Erscheinen der zweiten Auflage dieses Buches trotz der Vogelgrippe-Hysterie möglich gemacht haben.

Dem Verlagshaus Oertel+Spörer als Herausgeber gelten mein Dank und meine Anerkennung dafür, dass es in seinem vielseitigen Titelangebot der Hausgans die Treue hält und nach wie vor einen angemessenen Platz einräumt.

Das Buch erscheint in einem moderneren Layout und mit einem veränderten, dem Buchinhalt besser entsprechenden Titel. Dieser wird den Einstieg in die Lektüre erleichtern. Neben einer Aktualisierung des Kenntnisstandes erfolgte eine wesentliche inhaltliche Erweiterung zum Themenfeld Gänserassen.

Gedankt sei allen Züchtern und Lesern, die mich mit ihren Hinweisen in meinen Bemühungen unterstützt haben.

Leipzig, Herbst 2010   Karl-Heinz Schneider

Bedeutung und Entwicklung von Gänsezucht und -haltung

Gänse werden in erster Linie zur Erzeugung von Fleisch und darüber hinaus von Federn und Eiern gehalten. In der Rassegeflügelzucht spielen zudem Schönheit und Aussehen sowie Beschäftigung mit dem Tier eine wichtige Rolle.

Produkte aus der Gänsehaltung

Gänsefleisch erfährt eine hohe Wertschätzung wegen seines unnachahmlich vorzüglichen arttypischen Geschmacks und seiner dunklen Farbe. Eine recht lange Tradition besitzt es vor allem als Festtagsbraten zu Weihnachten. Darüber hinaus bieten heutzutage aber auch Teilstücke wie Brust und Keule oder andere Gänseteile vielfältige kulinarische Möglichkeiten für Gänseessen außerhalb von Festtagszeiten.

In Verbindung mit küchentechnisch neuzeitlichen Zubereitungsformen und Rezepten lassen sich daraus schmackhafte und fettarme Fleischgerichte herstellen. Hinzu kommt, dass der fortgeschrittene Entwicklungsstand in Zucht, Haltung und Fütterung eine Erzeugung von Schlachtgänsen mit differenziertem Fettgehalt fast über das ganze Jahr hinweg ermöglicht. Auch gewinnen seit Langem bekannte delikate Spezialitäten erneut an Bedeutung. So erfreut sich Gänseschmalz in vielen Ländern großer Beliebtheit, was aufgrund des hohen Anteils ungesättigter Fettsäuren ernährungsphysiologisch kaum ein Nachteil sein dürfte. Zudem ist die verzehrte Menge an Gänseschmalz im Vergleich zum Gesamtverbrauch an Fett äußerst niedrig.

Große Bedeutung haben nach wie vor die Gänsefedern, insbesondere Daunen und Halbdaunen. Der Verzehr an Gänseleber beschränkt sich im Wesentlichen auf eine bestimmte Region, und zwar auf Frankreich, das hierfür eine lange Tradition hat (die sogenannte Straßburger Pastete). Sehr begehrt als Speise sind in China die Füße der Gänse. Zusammen mit Flügelspitzen gekocht gelten sie als eine traditionelle Delikatesse.

In Deutschland steht als Produktionsziel die Erzeugung von Fleisch im Vordergrund. Der Anteil des Gänsefleisches am jährlichen Geflügelfleischaufkommen in Höhe von 1.424.100 Tonnen liegt allerdings nur bei 0,3 %. Dessen ungeachtet war es jedoch bis vor Kurzem ein recht stabiles Marktsegment. Schlagartig hat sich diese Situation 2005 mit der staatlich verordneten Stallpflicht zum Nachteil der Gänse sowie deren Erzeuger und privaten Halter verändert.

Gänseeier spielen als Nahrungsmittel nur ganz vereinzelt eine Rolle, so territorial eng begrenzt in einigen Gebieten am Niederrhein.

11

Vorteile und Nutzen der Hausgänse

Eine Bedeutung der Gänse ergibt sich im weiteren Sinne aus einigen biologisch günstigen Eigenheiten der Spezies.

Diese können in folgenden Punkten gesehen werden:

- hohe Wachstumsintensität im Kükenstadium
- relativ geringer Nährstoffbedarf während des Hauptwachstums
- breite Anpassungsfähigkeit im Nahrungsverhalten
- Verwertung von Grünfutter und von anderen faserhaltigen Futtermitteln mit niedriger Nährstoffkonzentration
- lediglich im Kükenstadium Bedarf an Eiweiß tierischer Herkunft
- Weidetüchtigkeit von den ersten Lebenstagen an und vorbildliche Futtersuche durch Äsen
- Nutzung minderwertiger Weideflächen (absolute Gänseweiden)
- geringe Ansprüche an Stall und Unterbringung
- Widerstandsfähigkeit gegenüber den meisten allgemeinen Geflügelkrankheiten
- im Rahmen der Hobbyzucht Zutraulichkeit und Prägung auf den Menschen

Einige dieser Vorzüge sind jedoch unter den Bedingungen der landwirtschaftlichen Großbestandshaltung zum Problem geworden, so der Anspruch auf große Weideflächen sowie die starke Prägsamkeit und Individualität.

Hinzu kommen folgende Nachteile:

- relativ niedrige Vermehrungsrate
- saisonal begrenzte Fortpflanzungsperiode
- labile Herdenfestigkeit
- starke Auslaufbeanspruchung durch tiefen Verbiss und selektives Äsen
- Risiko einer „Lärmbelästigung" infolge vehementer Lautäußerungen

Die dargelegten Gesichtspunkte stehen in enger Beziehung zur Entwicklung von Gänsezucht und -haltung.

Geschichte der Nutzgänsehaltung

Die Haustierwerdung der Graugans, der Stammform unserer Hausgans, erfolgte weithin in ihrem Brutgebiet in Europa und Vorderasien ebenso wie in Ägypten. Zu den ältesten überlieferten Darstellungen über domestizierte Gänse zählen Wandmalereien aus Grabkammern des ägyptischen „Alten Reichs" (2620-2100 v. Chr.). Abgebildet sind zahme Gänse, Gänsehandel sowie die Zubereitung von Schlachtgänsen. Älteste schriftliche Überlieferungen liegen von Homer (etwa 950 v. Chr.) vor. In seiner Odys-

see erwähnt er, dass Penelope, die Gemahlin des Odysseus, in ihrem Haus zwanzig Gänse hielt. Aristoteles (384 v. Chr.) berichtet, dass Gänse 30 Tage brüten und dabei nicht von ihrem männlichen Partner unterstützt werden.

Im alten Rom waren die Gänse der Göttin Juno geweiht. Sie genossen ein großes Ansehen, das sich noch verstärkte, als die auf dem Kapitol auf Staatskosten gefütterten Gänse durch großes Geschrei und Flügelschlagen die Wachen so rechtzeitig vor den herannahenden gallischen Feinden gewarnt hatten, dass der Angriff noch erfolgreich zurückgeschlagen werden konnte (390 v. Chr.). Wie aus den Schriften der römischen Ackerbauschriftsteller Cato, Varro und Collumella hervorgeht, beschränkte sich die Bedeutung der Gänse aber nicht nur auf ihre Rolle als Wachtiere. Sie beschreiben neben Fütterung, Weidehaltung und Brut auch die Einrichtung einer Gänsezuchtanstalt (Anseraria).

Plinius (23 v. Chr.) erkannte bereits die starke Prägsamkeit der Gänse: „Dieser Vogel verliebt sich mitunter sogar in den Menschen." Außerdem lobt er, wie auch Horaz und Palladius, den Wohlgeschmack von Gänseleber. Sie führen an, dass dieselbe am fettesten und schmackhaftesten würde, wenn man die Gänse mit in Milch aufgeweichten Feigen 30 Tage lang mäste. Auch wird von einer Honig- und Milchmast berichtet. Das Fleisch der Gänse wurde von den Römern nicht gegessen, da sein Genuss für plebejisch gehalten wurde. Als besondere Spezialität galten geröstete Gänsebeine, die in einem Ragout aus Hahnenkämmen serviert wurden.

Interessant und aufschlussreich sind die Schilderungen über die Beliebtheit und die Eigenschaften der Federn. In diesem Zusammenhang kommt Plinius auf Zuchtstätten in Gallien und Germanien zu sprechen. In China war die Gans in der Tai-Zeit, also um die Jahrtausendwende, bekannt.

Weitere Angaben über die Entwicklung der Gänsehaltung liegen erst wieder aus der Zeit Karls des Großen (742 bis 814) vor, der als „Förderer" der Geflügelzucht gilt. Er bestimmte, dass seine Beamten auf den größeren Gütern 100 Hühner und 30 Gänse und auf den kleineren 50 Hühner und zwölf Gänse zu halten hätten. In der Hohenstaufenzeit (1138 bis 1354) gehörten Gänse mit zur Abgabe an die Klöster. Der Begriff Martinsgans kommt aus dieser Zeit und führt sich darauf zurück, dass der Termin der Ablieferung für die Zinsgänse der 11. November, also der Martinstag, war.

Im 19. Jahrhundert nahm der Gänsehandel stark zu. Das vorrevolutionäre Russland hatte den größten Gänsebestand der Welt. Es wurden 17 Millionen Zuchtgänse gehalten, 100 Millionen Gössel aufgezogen, davon 10 % nach Deutschland exportiert. An der russischen Grenze erfolgte die Verladung in Güterwagen und von da der Transport ins Inland. Der Haustierhandel mit Magergänsen war besonders in Sachsen stark verbreitet. Auf den Entladebahnhöfen wurden von den Kleinhändlern Herden mit 200 Gänsen übernommen und über die Dörfer getrieben. Das war in der Regel in der Zeit von Anfang August bis Mitte Oktober. Treibergänse

kauften sowohl Bauern als auch kleine Handwerker und Tagelöhner, um sie in provisorischen Unterkünften mit Kartoffeln, Gemüseabfällen und etwas Hafer auszumästen.

In Warschau existierte eine Gänsebörse, auf der jährlich über 3 Millionen Gänse gehandelt wurden, und zwar von Mitte September bis Anfang November. Da die Gänse auch aus sehr weit entlegenen Gebieten kamen und die Strecke zu Fuß zu bewältigen hatten, wurden ihre Füße präpariert. Die Gänse wurden „beschlagen", indem sie mehrmals wechselweise über flüssigen Teer und feinen Sand getrieben wurden.

Gänseproduktion in Deutschland

Mit der in der 2. Hälfte des 19. Jahrhunderts in der Landwirtschaft eingeleiteten Revision der Ackerbausysteme setzte in Deutschland eine langfristig rückläufige Entwicklung der Gänseproduktion ein. Durch Einschränkung der Brache und Umbruch von Hutungen ging den Gänsen vorbehaltenes Weideland verloren. Bis zum Jahre 1900 sank die Produktion um 20 % gegenüber dem Jahr 1860. Das bedeutete eine Verringerung des Pro-Kopf-Verbrauches von 1,0 kg auf 0,8 kg.

Entwicklung der Gänseproduktion in Deutschland

Jahr	Erzeugung		Einfuhr		Verbrauch		Selbstversorgungsgrad in %
	gesamt	pro Kopf	gesamt	pro Kopf	gesamt	pro Kopf	
	Tt	kg	Tt	kg	Tt	kg	
1860	30,9	1,00	[1] -	-	30,9	1,00	100
1900	25,0	-	[1] -	-	25,0	0,80	100
1931	24,7	0,38	9,0[2]	0,1	33,7	0,52	73
1950	15,0	-	-	-	-	-	-
1970	4,0	0,06	17,0[2]	0,24	21,0	0,30	20
1991	3,5	0,04	23,5[2]	0,30	27,0	0,34	12
2000	4,0	0,05	26,0[2]	0,33	30,0	0,38	13
2009	4,2	0,05	24,1	0,30	28,4	0,35	15

[1] Lebendimport (Magergänse), [2] Schlachttierimport (Gänseschlachtkörper + Teilstücke)

Im 20. Jahrhundert setzte sich dieser negative Trend fort, verstärkt durch Abnahme der für Gänsehaltung typischen kleinbäuerlichen Betriebe, durch Landflucht und Zunahme der Stadtbevölkerung sowie durch das zunehmende Angebot an frischem Hähnchen- und Putenfleisch. 1931 wurden in Deutschland pro Kopf der Bevölkerung 0,52 kg Gänsefleisch bei einem Gesamtverbrauch von 1,52 kg Geflügelfleisch verzehrt. Der Pro-Kopf-Verbrauch an Fleisch betrug damals 52,5 kg. Der relative Anteil von Gänsefleisch belief **15** sich somit auf 34 % des Geflügelfleisch- bzw. 1 % des Gesamtfleischsortiments. Der Bedarf wurde zu Dreiviertel durch die Inlandsproduktion abgedeckt. Nach einem weiteren Rückgang hat sich der Pro-Kopf-Verbrauch seit 1970 stabilisiert. Noch immer sehr hoch sind aus Kostengründen die Importe zuungunsten der Inlandserzeugung. Im Jahr 2009 stammten lediglich 15 % des Jahresverbrauchs von 28.400 Tonnen aus deutscher Produktion.

Global gesehen sind Gänse auf der ganzen Welt anzutreffen, aber mehr in gemäßigten und kalten Klimazonen. Die Weltproduktion an Gänsefleisch betrug laut FAOSTAT im Jahr 2008 etwa 2,8 Millionen Tonnen (anteilig 3 % am Gesamtaufkommen Geflügelfleisch.) Sie weist eine äußerst ungleichmäßige Verteilung auf. Allein China und Taiwan haben daran einen Anteil von 90 %. Der Pro-Kopf-Verbrauch liegt hier bei 1,3 kg und der Gänsebestand bei etwa 290 Millionen Tieren. Tradition besitzt die Gänseproduktion auch im ost- und südosteuropäischen Raum (Russland, Polen, Slowenien, Ungarn). Innerhalb Westeuropas spielt die Gans lediglich in Frankreich noch eine größere Rolle.

Ausgedehnt werden soll die Gänsehaltung in Entwicklungsländern, die über Gras- und Weideland verfügen, weil damit eine Ei- und Fleischproduktion ohne Konzentratfuttermittel entwickelt werden kann. In diesem Bereich beläuft sich die Produktion gegenwärtig erst auf 27.000 Tonnen. Das sind 0,1 % des ohnehin schon niedrigen Geflügelfleischaufkommens in diesem Bereich.

Eine ganz neue Perspektive für Gänse kann auf dem Gebiet der Landschaftspflege gesehen werden. Bedingt durch den Rückgang der Rinder- und Schafbestände eröffnen sich gute Chancen für eine Einbeziehung in die Nutzung und Erhaltung standorttypischer Grünlandflächen in unserer Kulturlandschaft. Aufgrund ihres breiten Nahrungsverhaltens und ihrer ausgesprochen guten Weidetüchtigkeit sind Gänse geradezu prädestiniert dafür. Allerdings sind diese Möglichkeiten, wie auch die nachfolgend genannten, in Anbetracht der im Jahr 2005 wegen Geflügelpestverdachts vom Staat verordneten und immer noch geltenden Stallpflicht stark begrenzt.

Für kleine Halter mit ungenutzten Grünländereien stellt die Gans einen idealen, unermüdlichen „Rasenmäher" dar, richtige Bewirtschaftung vorausgesetzt. Zudem ist auf diese Weise eine biologische Unkrautbekämpfung möglich. Das Verwertungsvermögen von Küchen- und Gartenabfällen, vor allem von Fallobst, macht die Gänsehaltung als Hobby oder Nebenerwerb noch attraktiver.

Die Rassezucht ist allerdings bei Gänsen deutlich geringer ausgeprägt als bei Hühnern. Das liegt daran, dass die Spezies Gans nicht so stark zur Rassebildung neigt wie anderes Geflügel und dass die Liebhaberzüchter bei Gänsen bisher kaum Interesse an besonderen Farben oder Formen hatten.

Erfüllung und Freude können dem kleinen Halter Gänse aufgrund ihres starken Prägungs- und Bindungstriebes bereiten. Individuelles und verständnisvolles Eingehen auf diese Neigung danken ihm seine Pfleglinge mit großem Zutrauen und rührender Anhänglichkeit.

Abstammung und Domestikation

Einordnung in das zoologische System

Innerhalb des zoologischen Systems zählen die Gänse zur Familie der Gänse- und Entenvögel (*Anatidae*) und zur Unterfamilie der Gänseverwandten (*Anserinae*).

Für die Entstehung der jetzt vorhandenen Hausgans-Rassen kommen nach dem derzeitigen Erkenntnisstand ausschließlich zwei von vier Wildgänsegattungen in Betracht, zum einen die Gattung Feldgänse (*Anser*) und zum anderen die Gattung Meergänse (*Branta*). Die meisten Wildgänse leben auf der Nordhalbkugel.

Feldgänse (Gattung *Anser*) in „Brehms Tierleben" als eigentliche Gänse bezeichnet und in jüngeren Veröffentlichungen auch „Graue Gänse" genannt, haben meistens graues Gefieder. Charakteristisch für sie ist außerdem ein gut ausgebildeter Weideschnabel, der an den stark geschwungenen Außenrändern selbst in geschlossenem Zustand deutlich sichtbare zahnartige Hornlamellen aufweist sowie an der Spitze einen kräftigen Nagel. Bei adulten Tieren sind Schnabel und Beine rosa, gelb oder orange gefärbt. Alle Feldgänsearten zeigen ausgesprochen soziale Lebensformen. Die Nahrungsaufnahme erfolgt überwiegend auf dem Land durch Äsen. Dabei werden Gräser oder Pflanzenteile mithilfe der kräftigen und mit Hornlamellen besetzten Schnabelscheiden abgebissen oder abgerupft.

Meergänse (Gattung *Branta*), auch unter der Bezeichnung schwarze oder bunte Gänse bekannt, unterscheiden sich von der Gattung *Anser* durch eine auffallend schwarz-weiße Farbkontrastierung des Gefieders und in Verbindung damit durch eine blaugraue, schwarze Ausfärbung von Schnabel und Beinen. An dem im Ganzen relativ kürzeren und zierlicheren Schnabel sind ihre Zahnleisten lediglich auf dem geraden Kieferrand des Unterschnabels sichtbar, während sie sich am Oberschnabel äußerlich verborgen auf der Innenseite befinden. Der Lebensraum der Gänse der Gattung *Branta* ist in starkem Maße an Gewässer gebunden.

Haustierwerdung

Für die Haustierwerdung muss den Feldgänsen die größte Beteiligung zugebilligt werden.

Aus dieser Gattung stellt die als **Graugans** bzw. auch als Wild-, Stamm-, März- oder Heckengans bekannte Art *Anser anser* bis auf wenige **17**

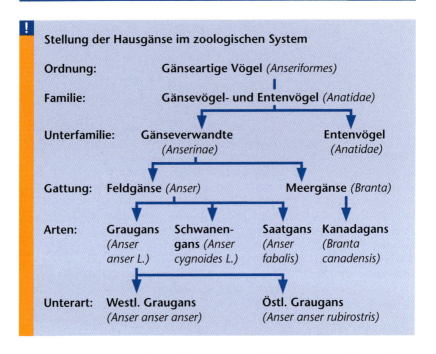

Stellung der Hausgänse im zoologischen System

Ordnung: **Gänseartige Vögel** (*Anseriformes*)

Familie: **Gänsevögel- und Entenvögel** (*Anatidae*)

Unterfamilie: **Gänseverwandte** (*Anserinae*)   **Entenvögel** (*Anatidae*)

Gattung: **Feldgänse** (*Anser*)   **Meergänse** (*Branta*)

Arten: **Graugans** (*Anser anser L.*)   **Schwanengans** (*Anser cygnoides L.*)   **Saatgans** (*Anser fabalis*)   **Kanadagans** (*Branta canadensis*)

Unterart: **Westl. Graugans** (*Anser anser anser*)   **Östl. Graugans** (*Anser anser rubirostris*)

Ausnahmen die Stammform aller in Europa als Haustier gehaltenen Gänsegenotypen dar. Wenn auch im Verlauf der Domestikation durch natürliche und künstliche Selektion unterschiedliche Rassen entstanden sind, so ist trotzdem anhand des Gesamterscheinungsbildes eine verwandtschaftliche Beziehung durchaus noch zu erkennen. Auch bestimmte morphologische Merkmale wie Schnabelform, Augenfarbe, Gefiederstruktur und Beine zeigen unverkennbare Ähnlichkeiten zwischen Hausgans und Graugans.

Den entscheidenden Beweis für diese Abstammung liefert die Fortpflanzung, denn Wild- und Hausform weisen eine voll ausgeprägte Paarungsfähigkeit und ihre Nachkommen eine uneingeschränkte Fruchtbarkeit auf.

Eine zweite für die Haustierwerdung anerkannte Art aus der Gattung der Feldgänse bildet die **Schwanengans** (*Anser cygnoides*). Sie ist nach Delacour die primitivste „Graue Gans" und gilt hauptsächlich als Stammform der ostasiatischen Hausgänse. Allerdings haben sich daraus ein paar seltene europäische Hausgänserassen entwickelt. Kreuzungsprodukte aus Graugans und Schwanengans sind fruchtbar und haben auf diesem Wege ebenfalls mit zur Rassebildung beigetragen.

Nur ein einziger Hinweis liegt darüber vor, dass zudem eine dritte Art der Gattung *Anser* an der Entstehung der Hausgänserasse beteiligt war. Es handelt sich dabei um die **Saatgans** (*Anser fabalis*). Sie gilt als Ausgangsform der russischen Gänserasse „Pekowska".

Die Gattung der **Meergänse** (*Branta*) wird im Rahmen der Haustierwerdung oft in Verbindung mit der **Kanadagans** (*Branta canadensis*) erwähnt. Ursprünglich in Nordamerika und im äußersten Nordosten Asiens beheimatet und inzwischen in vielen anderen Ländern als Ziergeflügel eingebürgert, gilt sie jedoch bis jetzt bestenfalls als eine gezähmte Wildgans. Einen ähnlichen Status haben die im ägyptischen und nordafrikanischen Raum beheimateten und teils wirtschaftlich genutzten Gänsearten. Es geht dabei vor allem um die **Nilgans** (*Alopochen aegypthiacus*) und um die **Ägyptische Gans** (*Chenalopex aegypthiacus*). Beide zählen zur Gattung der Halbgänse.

Insgesamt muss hinsichtlich der Abstammung und Abgrenzung der verschiedenen Gattungen und Arten von Gänsen festgestellt werden, dass die gegenwärtig gültige zoologische Systematik wissenschaftlich noch nicht ausreichend fundiert ist. Dies wird besonders dann deutlich, wenn man den von Mayr definierten biologischen Artbegriff anwendet, welcher heute allgemein anerkannt ist. Danach zählen zu einer Art alle die Individuen, die freiwillig eine Fortpflanzungsgemeinschaft bilden, aus welcher fruchtbare Nachkommen hervorgehen. Übertragen auf die verschiedenen Gänsearten bedeutet das, dass die Abgrenzung keineswegs so eindeutig ist, denn bei einer Verpaarung zwischen ihnen gibt es durchaus auch fruchtbare Nachkommen. Am bekanntesten dürften hier die fortpflanzungsfähigen Bastarde aus Kreuzungen zwischen Hausformen der Höckergans und der Graugans sein.

Die **Domestikation** der Gänse erfolgte sowohl aus wirtschaftlichen als auch aus kultischen Gründen. Begünstigend auf die **Zähmung** dürften sich einige bei den Gänsen besonders ausgeprägte Verhaltensweisen ausgewirkt haben. So ist bekannt, dass Gänse kaum angeborene Triebhandlungen aufweisen, dafür aber ein stark ausgebildetes Prägungsverhalten. Frisch geschlüpfte Gänseküken besitzen somit nur wenige im Erbgut verankerte Verhaltensmuster; sie müssen diese vielmehr erst allmählich erlernen und erwerben. Von entscheidender Bedeutung in diesem Lernprozess sind die ersten Eindrücke nach dem Schlupf. Sie bestimmen maßgeblich die Ausbildung des Anschlussverhaltens. So folgen beispielsweise Gössel nach einer entsprechenden Prägung dem Menschen genauso bereitwillig wie einem artgleichen Alttier. Diese Gänse zeigen auch später keine Scheu vor dieser Person und flüchten nicht. Sie behandeln sie wie einen artgleichen Partner. Eine nachträgliche Umprägung bereitet große Schwierigkeiten.

Diese Erziehungsbedürftigkeit der heranwachsenden Wildgänse äußert sich auch darin, dass der Führungs- und Verteidigungstrieb der Gänseeltern auf der freien Wildbahn nahezu bis zur Vollendung des 1. Lebensjahrs ihrer Zöglinge anhält. Die Jungtiere trennen sich von ihren Eltern nicht vor der im darauffolgenden Frühling wieder einsetzenden Brutzeit.

Aus diesen Verhaltensweisen wird von zahlreichen Autoren gefolgert, dass die Domestikation mit der Entnahme von Bruteiern oder Küken aus **19**

dem Wildgansnest begonnen haben dürfte. Deshalb werden die Brutgebiete der Wildgänse als die Hauptzentren für die Haustierwerdung angesehen.

Nicht auszuschließen ist jedoch auch die Zähmung erwachsener Tiere.
Den verhaltensbiologischen Hintergrund hierfür bieten das ausgesprochen gesellige Wesen der Gänse und der bei ihnen stark entwickelte Anschlusstrieb. So wird berichtet, dass sich eingefangene oder angeschossene
Wildgänse relativ leicht und rasch an ihre Gefangenschaft gewöhnen und
sich hier sogar ohne größere Probleme dem Brutgeschäft hingeben. Der
Zugtrieb soll aber trotzdem erhalten bleiben, sofern nicht eine feste Verbindung mit einem flugbehinderten Partner oder einer Hausgans eingegangen wurde. Die nordischen Nomaden sollen daher die Jungtiere durch
Brechen eines Flügels flugunfähig gemacht haben. Für die Möglichkeit der
Zähmung älterer Gänse spricht auch die von Oppian ausführlich beschrie-
bene Methode des Wildgänsefangs der Vogelsteller an Gewässern mithilfe
von Schlagnetzen.

Man muss davon ausgehen, dass Gänse eine vielfältige Domestikation
erfahren haben. Als **Domestikationsherde** für **Graugänse** werden in der
Literatur Vorderasien, Ägypten und Gebiete nördlich der Alpen angegeben. Die Domestikation der **Schwanengans** wird aufgrund eines Fundes
Gänse darstellender Keramikfiguren, die aus der Epoche der jungsteinzeit-
lichen Kultur des Long Tschan (etwa 3000 v. Chr.) stammen, in China vermutet. Aus der Schwanengans wurde im Hausstand die Höckergans oder
Chinesische Gans gezüchtet, auch als weißfiedrige Variante. Noch heute
nutzen die Eingeborenen im Stromgebiet des Amur die wilde Schwanengans. Sie sammeln entweder die Eier und legen sie Hausgänsen zum Aus-
brüten unter oder sie fangen die jungen Gänse und mästen sie in der Gefangenschaft.

Ungeachtet dessen, dass die Gans als Haustier etwa tausend Jahre
älter sein dürfte als das Huhn, hat sie sich gegenüber den Wildformen
im Vergleich weit weniger verändert. Das zeigt sich ganz besonders an
ihrem heutigen fortpflanzungsphysiologischen und verhaltensbiologischen Profil.

Gänsearten und Gänserassen

Wildformen

Graugans *(Anser anser)*

Die Graugans zählt hinter der Kanadagans zu den größten und schwersten Wildgänsearten Europas. Wild- und Hausform unterscheiden sich im Allgemeinen nur unwesentlich. Im Exterieur hebt sich die wilde Graugans jedoch durch ihre kleine schlanke Figur, ihre höhere Körperstellung sowie ihren längeren und gebogenen Hals unverkennbar von den domestizierten Formen ab. Grau- und Hausgänse verpaaren sich freiwillig und die Nachkommen sind ausnahmslos fruchtbar. Das Verhalten der Graugans ist umfassend untersucht und in vielen Schriften publiziert, vor allem durch Nobelpreisträger Konrad Lorenz. Daraus geht hervor, dass das Verhaltensrepertoire der Hausgans dem der Wildform noch weitgehend entspricht.

Innerhalb der Art *Anser anser* lassen sich zwei Unterarten unterscheiden, und zwar die in West-, Mittel- und Nordeuropa angesiedelte Westliche Graugans (*Anser anser anser*) sowie die in Südosteuropa und Asien lebende Östliche Graugans (*Anser anser rubirostris*). Nach Delacour ist allerdings nur die erstgenannte Form domestiziert worden.

0,1 Graugans

> **!** **Die wichtigsten Körpermaße der Graugans**
>
> | | |
> |---|---|
> | **Körpergewicht:** | männlich 3,0 bis 4,0 kg, weiblich 2,5 bis 3,5 kg (große jahreszeitliche Variation) |
> | **Körperlänge:** | 75 bis 90 cm |
> | **Flügellänge:** | männlich 450 bis 480 mm, weiblich 410 bis 470 mm |
> | **Flügelspannweite:** | 150 bis 180 cm |
> | **Schwanzlänge:** | 130 bis 150 mm |
> | **Schnabellänge:** | männlich 55 bis 75 mm, weiblich 50 bis 70 mm |
> | **Lauflänge:** | 70 bis 85 mm |

Das Gefieder (Alterskleid) entspricht in Bezug auf Farbe und Zeichnung weitgehend dem der Rasse Toulouser Gans. Es bestehen keine Unterschiede zwischen den Geschlechtern. Bei den Deckfedern der Körperoberseite dominiert die Farbe Bräunlichgrau, die nur durch weißliche Säumung abgesetzt wird. Kopf, Hals und Brust sind aschgrau und die Bauchregion weiß. Die Schwingen weisen eine schwarzbraune Färbung auf. Gleiches trifft auf die Schwanzfedern zu, die aber außerdem eine breite, weiße Säumung haben. Die äußersten Konturfedern des Schwanzes sind oft rein weiß wie der Bauch.

Der kräftige Schnabel ist orangerot bei der westlichen und gelb bei der östlichen Unterart, die Bohne weiß. Lauf, Zehen und Schwimmhäute sind fleischfarbig. Stimme sowie Stimmfühlungslaute ähneln den Lautäußerungen der Hausgans.

Das Brutgebiet der Graugänse wird westlich durch den Atlantischen Ozean und östlich durch den Stillen Ozean begrenzt, während die südlichste Grenze beim 45. und die nördlichste zwischen dem 60. und 70. Breitengrad liegt. Durch Anpassung an die Kulturlandschaft und als Ergebnis von Ausbürgerungsmaßnahmen kam es in jüngster Zeit auf dem europäischen Kontinent zu einer Verschiebung der Lebensräume nach Westen und Süden. Ab Ende September ziehen die meisten west- und mitteleuropäischen Grauganspopulationen nach Südeuropa und Nordafrika und in der zweiten Februarhälfte kehren sie in ihre alten Brutgebiete zurück.

Als Lebensraum bewohnen die Graugänse mit Vorliebe einsame und nach allen Seiten offene Landseen und Meeresküsten, aber auch Teiche und künstliche Gewässer, wo sich neben tiefem Wasser auch flache Schilfgürtel als Nestdeckung sowie gut bewachsene Uferflächen befinden. Auch Wiesen und Äcker, die ausreichend Nahrung bieten, müssen in der Nähe sein.

Die wild lebende Graugans ernährt sich außer im Kükenalter ausschließlich vegetarisch. Bevorzugt werden Gräser, Kräuter sowie Triebe und Stängel bestimmter Landpflanzen. Futtersuche und Futteraufnahme erfolgen bei entsprechendem Angebot vorzugsweise auf Grünländereien bis zu einer Dauer von 17 Stunden pro Tag durch Äsen. Aufgrund der jahreszeitlich unterschiedlichen und der zwischen Brutgebiet und Überwinterungsgebiet abweichenden Vegetation ist sie gezwungen, auch auf andere Nahrungsangebote auszuweichen. Für das Äsen spielen dann Wintersaaten von Getreide und Raps einen willkommenen Ersatz. Auch nimmt sie gern vorlieb mit Samen und Körpern von Halmfrüchten sowie mit Wurzeln und Knollen von Hackfrüchten. Die Nahrungsaufnahme aus dem Wasser spielt kaum eine Rolle.

Aufgrund dieser breit gefächerten Anpassung an pflanzliche Kost verschiedenster Herkunft konnte sich die Graugans in der Kulturlandschaft bislang erfolgreich behaupten. Bedingt durch die intensive Nutzung und die hohe Ertragssteigerung auf landwirtschaftlichen Flächen sowie durch besondere Schutzmaßnahmen hat sich der Bestand sprunghaft erhöht. Weltweit wird der Bestand heute auf 521.000 Tiere geschätzt. Der aktuelle ornithologische Status für Graugänse lautet „Häufiger Brutvogel mit steigender Tendenz".

Zahlreiche Besonderheiten weist die Fortpflanzung der Graugänse auf. Der Eintritt der Fortpflanzungsfähigkeit ist flexibel. Dieser erfolgt in der Regel erst im Alter von zwei Jahren. Kurz davor kommt es zur Partnerwahl, meistens noch im Überwinterungsgebiet. Die Paarbindung ist monogam und überwiegend stabil auf Lebenszeit. Nach Rückkehr aus den Überwinterungsgebieten in das angestammte Brutrevier beginnt im März der Nestbau und einige Wochen später das Brutgeschäft.

Jährlich wird eine Brut durchgeführt, wobei das Gelege vier bis neun grauweiß gefärbte Eier umfasst. In sehr dicht besiedelten Brutgebieten kann es aufgrund des geselligen Brutverhaltens der Graugans vorkommen, dass mehrere Weibchen ihre Eier in ein Nest legen. Die Eier wiegen durchschnittlich 160 g, sind etwa 90 mm lang und 60 mm breit. Die Bebrütung beginnt in der Regel im Monat Mai mit dem vorletzten Ei. Es brütet ausschließlich die Gans, die Brutzeit dauert 27 bis 29 Tage. Da die Gössel Nestflüchter sind, schwärmen sie bald nach dem Schlupf aus, um Nahrung aufzunehmen. Das Führen und Hudern wird von beiden Elternteilen übernommen. Dabei kann der den Gänsen eigene ausgeprägte Familiensinn gut beobachtet werden. Die Mutter führt den „Gänsemarsch" immer an, während der Vater den Zug nach hinten absichert. Diese Ordnung gilt auch auf dem Wasser.

Beträchtlich ist die Wachstumsintensität der Graugänse. Immerhin verdreifachen sie in den ersten 21 Lebenstagen ihr Schlupfgewicht und erreichen mit 70 Tagen bereits zwei Drittel ihres möglichen Körpergewichts. Diese Veranlagung ist bei den Hausgänsen erhalten geblieben und durch Selektion noch verbessert worden.

Lebendgewichtsentwicklung von Graugänsen

Lebenstag	1.	21.	40.	70.	120.	250.
g pro Tier	95	300	1000	2500	3000	4000
Zuwachs, rel.	1,00	3,16	10,53	26,3	31,6	42,11

Das Daunenkleid der Gössel ist meist gelblich und oben dunkel. Im Alter von drei bis vier Wochen beginnt die Befiederung. Zuerst entfalten sich die Schwanzfedern. Mit 25 Tagen erscheinen die ersten Schwingen. Spätestens nach 60 Tagen ist das Deck- und Konturgefieder vollständig vorhanden und die Tiere sind flugfähig. Im Alter von etwa elf Wochen ist das Wachstum abgeschlossen und die letzten Handschwingen verhornen. Gleichzeitig damit beginnt die Juvenilmauser (Jugendmauser) beim Kleingefieder, bei der viele Daunen verloren gehen. Knapp zwei Wochen später greift sie auf die Konturfedern über und die ersten Schwanzfedern fallen aus. Der Wechsel erfolgt jedoch nur partiell. Im Alter von etwa 126 Tagen ist das Erwachsenengefieder komplett, sodass die Tiere spätestens Ende September voll flugfähig sind.

Alttiere mausern einmal im Jahr nach Abschluss der Brutperiode. Dabei fallen alle Schwungfedern gleichzeitig aus, was für einige Wochen zur Flugunfähigkeit führt. Vor Beginn der Mauser scharen sich die Gänse und ziehen für deren Dauer auf abgelegene Standorte, wo sie bis zur Beendigung des Federwechsels verweilen.

Schwanengans *(Anser cygnoides)*

Der Name Schwanengans kommt aus dem Lateinischen (cygnus = Schwan) und bezieht sich auf ihr Erscheinungsbild, denn sie stellt zumindest vom Äußeren her den Übergang von Gans und Schwan dar. Sie gilt als die primitivste Spezies innerhalb der Gattung *Anser*. Das Körpergewicht entspricht etwa dem der Graugans.

Der Körperbau ist schwanenartig und im Vergleich zur Graugans lang und schlank und im Umriss kantig. Als charakteristisch gelten ebenfalls der lange dünne Hals und der sehr lange, kräftige schwarze Schnabel, der mit dem First geradlinig in die Stirnpartie übergeht. Auf dem Schnabelrücken befindet sich die Andeutung eines Stirnhöckers, der bei den afrikanischen und chinesischen Rassen sowie bei unseren Hausformen voll ausgebildet ist.

Die wichtigsten Körpermaße der Schwanengans

Körpergewicht:	männlich etwa 3,5 kg, weiblich 3,0 kg
Körperlänge:	80 bis 95 cm
Flügellänge:	männliche 400 bis 460 mm, weiblich 375 bis 440 mm
Schwanzlänge:	135 bis 155 mm
Schnabellänge:	männlich 95 bis 100 mm, weiblich 75 bis 85 mm
Lauflänge:	80 bis 85 mm

Das Gefieder (Alterskleid) weist keine Unterschiede zwischen den Geschlechtern auf. Scheitel und Hinterhals sind dunkelbraun, die Kopfseiten, Kehle und Vorderhals lichtbraun gefärbt. Die Färbung des Rumpfgefieders einschließlich der Flügel entspricht dem für Feldgänse typischen Muster. Der Schnabel ist schwarzgrau gefärbt und die Schnabelbasis schmal weiß eingefasst. Die orangegelben Beine sind mittelhoch bis hoch und gestatten einen sehr lebhaften Gang, der dem des Schwanes stark ähnelt. Diese Schwanenhaltung präsentiert sich auch beim Schwimmen. Typisch für die Stimme sind trompetende und schnatternde Laute. Sie sind deutlich stärker als bei Graugänsen.

Die Brutgebiete erstrecken sich vom südlichen Zentralsibirien aus ostwärts bis zur Halbinsel Kamtschatka, südwärts bis Zentralasien und nördlich bis zur Mongolei. Überwinterungsareale sind China und Japan. Schwanengänse gelten als sehr anpassungsfähig und bewohnen vegetationsreiche Gebiete an Flüssen und Seen sowohl in Tiefebenen als auch auf Gebirgsplateaus. Im 20. Jahrhundert kam es bei der westlichen Population zu einer starken Bestandsreduzierung durch Bejagung und Zerstörung der Brutgebiete. Der Gesamtbestand ist bisher nicht erfasst. In der ehemaligen UdSSR vermutet man 300 bis 400 Paare.

Die Ernährung erfolgt ausschließlich vegetarisch. Neben Gräsern und Kräutern gehören außerdem Moos- und Heidelbeerkraut und Lärchennadeln sowie Wurzeln und Rhizome von Uferpflanzen zu ihrer Nahrung. Die große Länge und die schmale Form des Schnabels sind auf dieses Nahrungsverhalten ausgerichtet. Mit ihm graben sie auf der Suche nach Rhizomen bis zu 30 cm tiefe Löcher in die Ufer und Flachgewässer. Das Äsen auf Grünland- oder Rasenflächen kommt im Gegensatz zur Graugans kaum vor.

Hinsichtlich der Fortpflanzung gibt es jedoch durchaus Parallelen zu den Graugänsen. Die Geschlechtsreife tritt während des zweiten Winters ein sowohl in der freien Wildbahn als auch in der Gefangenschaft. Die Paarbindung ist sehr eng. Sie beginnt ebenfalls im zweiten Winter. Das Gelege besteht aus fünf bis acht cremefarbenen Eiern mit einem Durchschnittsgewicht von 160 g, einer mittleren Länge von 85 mm und einer Breite von 55 mm. Die Brutdauer beträgt 28 bis 30 Tage. Die Eiablage erfolgt im Mai.

Rassebildung

Obwohl die häusliche Haltung der Gänse schon mindestens 2000 Jahre alt ist, hat die Gans im Vergleich zu anderen Geflügelarten bislang relativ geringe Veränderungen erfahren. Auffallend ist, dass die Rassebildung vor allem in Europa erfolgte, während Hühner- und Taubenrassen von Ost- bzw. Südostasien aus Verbreitung fanden. Das Hauptergebnis der bisherigen Selektion ist die Differenzierung in der Körpergröße, die aber vor etwa 150 Jahren mit 8 kg bei den Hausgänsen und 15 bis 20 kg bei den Marschgänsen schon einmal höher war.

Generell sind die Hausgänserassen größer als ihre wilden Stammformen. Deutlich erhöht haben sich Wachstumskapazität, Wachstumsintensität und Muskelbildungsvermögen. Die Wachstumsdauer blieb unverändert. Hausgänse sind heutzutage eine der schnellwüchsigsten Nutzgeflügelarten. Außerdem haben sie größtenteils das Flugvermögen verloren, weil sich die relative Flügellänge trotz Erhöhung des Körpergewichts nicht verändert hat. Dadurch ist es zu einer wesentlich stärkeren „Tragflächenbelastung" gekommen (Herre).

Die Haut der Hausgänse ist im Vergleich zu den Wildformen weniger fest anliegend. Daraus resultiert ihre Neigung zu Hautfaltenbildung in Form von Bauchwamme oder Kehlwamme.

Das Gefieder liegt auch nicht mehr so straff an. Es ist lockerer, besonders bei schweren Rassen und Schlägen. Veränderungen in der Gefiederstruktur zeigen sich lediglich in Form der sogenannten Locken oder der vereinzelt beobachteten kleinen Kopfhauben, die bei Gänsen aber nicht mit einer Schädelveränderung verbunden sind. Hinsichtlich der Gefiederfarbe kam es zu einer teilweisen oder völligen Verdrängung der grauen Wildfarbe. Rein Weiß dominiert bei den zurzeit vorhandenen Gänserassen. Daneben gibt es als Gefiederfarbe noch Grau in verschiedenen Abtönungen. Andere Farben treten zumeist nicht auf.

Die Kombination von Weiß und Grau in Form der sogenannten Scheckung weist noch bei keiner Rasse eine feste Begrenzung auf. Häufig anzutreffen sind ein kurzer grauer Sattel mit gesäumten Federn und ein grauer Kopf mit einem zu einen Drittel grauen Hals.

Die Farbe der Augen steht mit der des Gefieders im Zusammenhang. Grau gefiederte Genotypen haben eine braune Regenbogenhaut, weiß gefiederte eine bläuliche. Bei geschecken Gänsen tritt entweder eine unterschiedliche Färbung innerhalb eines Auges oder zwischen beiden Augen auf.

Die Farbe von Latschen und Läufen ist durchgängig Orange, wobei die grauen Gänserassen eine etwas intensivere Augenfärbung zeigen. Auch die Schnabelfarbe ist fast rasseindifferent. Es dominieren ein orangegelber Ober- und Unterschnabel mit blasser Bohne. Graue Höckergänse haben einen schwarzen Schnabel mit Höcker.

In begrenztem Umfang können auch Stirnhöcker (Höckergans) sowie Gebiss und Schnabelform (Kampfgänse) als Rassemerkmale gelten. Große Veränderungen haben Legeleistung und Brutverhalten erfahren. Die Selektion auf höhere Eizahl war bei einigen Rassen mit der Beseitigung des Bruttriebes verbunden.

Eine gewisse Differenzierung lässt sich nach Woith auch hinsichtlich des Rumpfquerschnittes erkennen, wie
- stehend oval für Legerasse (Emdener Gans),
- liegend oval für schwere Brutgänse (Pommerngänse),
- kreis- oder walzenförmig für leichte Brutgänse (Diepholzer Gans).

Insgesamt gesehen sind die Formunterschiede zwischen vielen Rassen sehr gering. Da es noch erhebliche Typunterschiede innerhalb der Rasse gibt, fällt es mitunter schwer, die Rasse nach der Körperform zu bestimmen. Bezeichnend ist auch, dass bei Gänsen bislang keine Zwergformen existieren.

Aus den dargelegten Merkmalen ergeben sich nur wenige brauchbare Einteilungskriterien für die Gänserassen. Am zweckmäßigsten scheint gegenwärtig eine Ordnung nach Typ (schwere und leichte Rasse) und Lege- bzw. Brutverhalten (Legegänse und Brutgänse) zu sein.

Nutzung und Verbreitung der Hausformen

Aus beiden Wildgänsearten entstanden weltweit verschiedene Hausformen. In der Datenbank der FAO sind 96 Nutzgänsevarietäten als Rassen bzw. Landschläge registriert. Seit Einführung des Linienhybridzuchtverfahrens in die kommerzielle Geflügelzucht findet die klassische Rassezucht auf Grundlage von Reinzucht allerdings fast nur noch im Bereich der privaten Hobbyzüchter statt. Zusätzlich kommt ihnen dadurch eine wichtige gesellschaftliche Bedeutung für den Erhalt von zurzeit wirtschaftlich nicht mehr genutzten bzw. seltenen Rassen zu.

Kommerziell erfolgt die Zuchtarbeit vorwiegend auf der Basis von spezialisierten Zuchtlinien, welche durch gezielte Selektion auf bestimmte Leistungsmerkmale aus einigen wenigen Rassen heraus entwickelt wurden. Die Linien haben sich dort als eigenständige geschlossene Zuchtpopulationen etabliert, fast losgelöst vom gesamten Rassegänsebestand. Mithilfe systematischer Kombinationskreuzungen auf Linienbasis lassen sich wiederholbar Heterosiseffekte erzielen, welche bei hybridisierten Eltern- und Masttieren eine deutliche Verbesserung von Nutzleistung, Anpassungsfähigkeit und Vitalität bewirken.

Das aktuelle Leistungspotenzial bei Wirtschaftsgänsen

Land	Zucht-produkt	Elterntiere				Mastgänse			
						Gewicht (kg/Tier)		Futterver-wertung[3]	
		Legeleistung[1]	Legedauer[2]	Befruchtung %	Schlupf % Befr.	8. L.Wo.	16.L.Wo.	8. L.Wo.	16.L.Wo.
Deutschland	ESSW	65	22	85	87	5,35	7,85	2,79	4,68
	ESW	75	26	90	85	5,20	7,30	2,93	4,75
Polen	KOFW	65		85	81	4,95	6,35	3,02	5,30
Frankreich	GM	50	22	88	85		6,20		

[1]pro Gans und Legezyklus; [2]Wochen/ Legezyklus; [3]kg Mischfutter/kg Lebendgewicht **27**

Anerkannte Gänserassen im BDRG, SV Deutscher Gänsezüchter, Stand 2009

	Rasse	Anzahl Zuchten	Anzahl Zuchttiere			
			männlich	weiblich	insgesamt	
		Stück	Stück	Stück	Stück	Anteil %
1	Afrikanische Höcker-gans, graubraun	16	22	38	60	0,8
2	Böhmische (Tschech.) Gans	84	115	213	328	4,6
3	Celler Cans	44	78	113	191	2,7
4	Deutsche Legegans	33	53	149	202	2,8
5	Diepholzer Gans	95	157	356	513	7,2
6	Elsässer Gans, alle	49	83	132	215	3,0
7	Emdener Gans	80	137	266	403	5,7
8	Empordagans, weiß	4	7	21	28	0,4
9	Fränkische Landgans	110	188	309	497	7,0
10	Höckergans, alle	232	331	672	1003	14,1
11	Lippegans	41	48	63	111	1,6
12	Lockengans, weiß	42	83	163	246	3,5
13	Pilgrimgans	3	5	6	11	0,2
14	Pommerngans, alle	414	648	1312	1960	27,6
15	Russische Graue Gans	36	50	99	149	2,1
16	Steinbacher Kampf-gans, alle	174	301	502	803	11,3
17	Toulouser Gans	73	141	252	393	5,5
	Summe	1530	2447	4666	7113	100,0

Organisierte Rassegänsezucht wird in Deutschland bereits seit über 100 Jahren unter dem Dach des SV Deutscher Gänsezüchter durchgeführt, eines Sondervereins im Bund Deutscher Rassegeflügelzüchter (BDRG). Gegenwärtig sind 17 anerkannte Gänserassen in fünf verschiedenen Zeichnungs- bzw. Farbvarianten registriert (siehe Tabelle oben). Ihr Anteil am Gesamtbestand weist sehr große Unterschiede auf. Bereits fünf Rassen gelten als existenzgefährdet (Näheres siehe Musterbeschreibungen). Wie bei anderen selten gewordenen Geflügelrassen wird versucht, über Fördermaßnamen des BDRG und über private Organisationen zur Schaffung von Erhaltungszuchten einem Aussterben zu begegnen.

Darüber hinaus müssen jedoch auch wichtige zuchtorganisatorische Maßnahmen ergriffen werden. Dazu zählen in erster Linie exakte Zuchtbuchführung mit Abstammungskontrolle sowie Sicherung der effektiven

Populationsgröße für jede anerkannte Rasse. Dies dient gleichzeitig der Minimierung von Inzucht.

Die seit 2005 staatlich verordnete Stallpflicht hat besonders der Rassegänsezucht großen Schaden zugefügt, weil Auslauf sowie Freiland überhaupt für Gänse lebensnotwendig sind. So fiel zwischen 2005 und 2010 der Zuchttierbestand von 8400 auf 7100 Gänse bzw. um 15,4 %.

Selektiert wird innerhalb der Zuchten des BDRG auf Form, Farb- und Zeichnungsmerkmale gemäß „Rassegeflügelstandard für Europa". Darauf fußen im Wesentlichen auch die nachfolgenden Rassebeschreibungen. Verbindliche Angaben über Zuchtziele für Nutzleistungen fehlen, wie allgemein in Standards für Rasseflügel, weil auf diese Merkmale noch nicht selektiert wird. Die Leistungsdaten innerhalb der Rassebeschreibungen dieses Buchs stellen Richtwerte dar, die aus dem Fachschrifttum ermittelt wurden.

Emdener Gans

Die Emdener Gans stammt von der Graugans ab und stellt die schwerste, älteste und bekannteste deutsche Gänserasse dar. Ihr Ursprungsgebiet ist Ostfriesland. Es handelt sich daher um eine sehr widerstandsfähige, an das raue norddeutsche Küstenklima angepasste Gans. Die Zucht geht nachweislich bis ins 13. Jahrhundert zurück.

Die Emdener Gans hat seit über 100 Jahren auch große Verbreitung in England und in den USA gefunden und ist dort in den Zuchtstandards als „Embden" oder „Embden Goose" vertreten. Umfangreiche Exporte gab es im vorigen Jahrhundert auch nach Böhmen und Ungarn. Hervorgegangen ist diese Rasse aus einer in der Gegend von Emden und Bremen gehaltenen großen Landgans, die wegen ihres langen, gebogenen Halses auch als Schwanengas bezeichnet wurde und früher unter dem Namen Seegans bekannt war. Vereinzelt sollen Einkreuzungen von Pommerngänsen erfolgt sein.

Trotz einer sehr langen Zuchtgeschichte wirkt die Rasse noch relativ unausgeglichen, was daran liegt, dass die Standards öfter verändert wurden. Bei der Herauszüchtung der Rasse dominierte als Zuchtziel ein Körpergewicht von 15 kg.

In England erfolgte eine Einkreuzung der schweren Toulouser Gans, um die Legeleistung zu erhöhen und den Bruttrieb zu verringern. Dies führte zur Steigerung der Legeleistung von 15 bis 35 Eier pro Gans, hatte aber stärkere Veränderungen im Exterieur zur Folge. Sie äußerten sich vor allem in einem sehr großen Kopf, langen dicken Hals, einer Kehl- und Bauchwamme sowie einer kieligen Brust. Die aus England importierten Populationen wurden in der Folgezeit zielstrebig auf eine Verfeinerung des Typs bearbeitet, was nach jahrzehntelanger Zuchtarbeit auch recht gut gelang. So zeigen die Emdener Gänse heute trotz ihrer Massigkeit einen **29**

1,0 Emdener Gans, weiß

schmalen Kopf und schlanken Hals. Die Kehlwamme ist weggezüchtet, die doppelte Bauchwamme als typisches Rassemerkmal aber noch vorhanden. Auch die Kieligkeit der Brust konnte zugunsten eines hohen Brustfleischansatzes verdrängt werden.

Mit der Emdener Gans steht eine wertvolle weißfiedrige, schwere Legegänserasse zur Verfügung. 2009 war die Rasse im BDRG nur noch mit etwa 400 Zuchttieren vertreten bzw. mit einem Anteil von 5,7 % am gesamten Rassegänsebestand. Sie zählt daher inzwischen in Deutschland ebenfalls mit zu den „gefährdeten Gänserassen".

Der Standard sieht für die männlichen Zuchttiere ein Lebendgewicht von 11,0 kg, für weibliche von 10,0 kg vor. Die Legeleistung liegt im Landesdurchschnitt bei 35 Eiern.

Im Ausland sollen bereits Spitzenleistungen von 80 Eiern pro Gans erzielt worden sein. Bei sehr schweren Tieren besteht ein erhöhtes Risiko für die Bildung von doppeldottrigen Eiern.

Brütigkeit ist unerwünscht und tritt nur noch in Ausnahmefällen auf. Den Gantern wird eine gewisse Ungeschicklichkeit beim Tretakt nachgesagt, was sich besonders bei ausschließlicher Landhaltung nachteilig auf die Befruchtungsergebnisse auswirken soll. Deshalb wird für die Zuchtgänse dieser Rasse immer eine Schwimm- oder Badegelegenheit empfohlen. Auch ist hier ein enges Anpaarungsverhältnis von etwa 1:3 angezeigt.

Die relativ große Körperoberfläche und der dichte Federnbesatz führen zu einem sehr hohen Federertrag. Geschätzt sind die Federn wegen ihrer vorzüglichen Qualität. Aufgrund dessen soll es im Mittelalter zu umfangreichen Federexporten in Mittelmeerländer gekommen sein. In der Mast ist die Emdener Rasse sehr vielseitig einsetzbar. Wegen der günstigen Vegetationsbedingungen ihres Ursprungsgebietes soll sie allerdings etwas höhere Anforderungen an die Ernährung stellen. Dies trifft auch auf die Weiden bzw. Ausläufe zu. Wertvolle Futtergräser, gute Wüchsigkeit und hohe Nährstofferträge sind deshalb wichtig.

Das Exterieur weist zahlreiche Rassemerkmale auf. Das Gefieder muss bei den Alttieren rein weiß sein. Weibliche Jungtiere dürfen eine leichte Graufärbung, wie sie gelegentlich in der Rücken- und Flügelregion zu beobachten ist, oder auch eine geringfügige Graucheckung aufweisen. Diese Farbabweichung ist mutmaßlich ein Relikt der bei der Rassebildung verwendeten Ausgangspopulation, die ein graues wildfarbenes Federkleid besessen haben soll. Letzteres scheint geschlechtsbegrenzt vererbt zu werden, weil bei den weiblichen Gösseln noch sehr häufig dunkel gefärbte Daunenregionen zu beobachten sind, während männliche Küken stets eine ausschließlich helle Daunenfärbung haben. Der Schnabel ist orangerot und die Schnabelbohne zart fleischfarben. Konform mit der Farbe des Schnabels geht die der Läufe. Bei den Augen sind für die Iris eine hellblaue und für die Ringe eine schmale rote Ausfärbung charakteristisch. Hinsichtlich Körperbau gilt es, die typischen Rassemerkmale zu festigen.

> **!**
> Darüber hinaus gelten laut Standard folgende Formmerkmale: massiver, breiter und langer, leicht aufgerichteter Rumpf; sehr breiter, langer und nur leicht gesenkter Rücken; volle, breite, glatte Brust, etwas angehoben; volles, breites Hinterteil ohne Vorwamme; eine nicht zu tiefe, aber nach hinten geschlossene, doppelte Bauchwamme; kurzer, leicht aufrecht stehender Schwanz; große, breite, lange, hoch getragene, anliegende Flügel; mittellange, kräftige, ins Gefieder gut eingebettete Schenkel; Befiederung fest und dicht; mittellange, stämmige orangerote Läufe; schlanker, gestreckter Kopf mit abgeflachter Stirn und breiten, nicht zu vollen Backen sowie schlankem, ohne Absatz in die flache Stirn übergehendem Schnabel; gut geschnittene Kehle ohne Wamme; sehr langer, leicht S-förmig gebogener, aber nicht zu starker Hals, bei 1,0 etwas stärker betont als bei 0,1.

Übersicht über die im BDRG anerkannten Gänserassen, Stand Juni 2010

Rasse	Gefiederfarbe[1]	Lebendgewicht (kg) männlich	Lebendgewicht (kg) weiblich	Eizahl ø/Gans	Gelege	Eigewicht g	Ringgröße[2]	Typ[3]
Afrikanische Höckergans	grau-braun	7,5-8,0	6,5-7,0	35	1	130	27	LsK
Böhmische (Tsche.) Gans	weiß	5,0-5,5	4,0-4,5	45	1	140	22	LlK/N
Celler Gans	braun	5,5-6,5	4,0-6,0	15	1	130	24	LlK/N
Deutsche Legegans	reinweiß	6,5-7,0	5,5-6,0	40	1	170	27	LmsK
Diepholzer Gans	weiß	6,5-7,0	5,5-6,0	40	3	140	24	BlN
Elsässer Gans	grau	4,0-4,5	4,0-4,5	15	1	120	22	BlN
Emdener Gans	reinweiß	11,0-12,0	10,0-11,0	40	1	170	27	LsK
Empordagans	weiß	5,0-6,0	4,5-5,0	40	1	160	24	LlK
Fränkische Landgans	mittelblau	5,0-6,0	4,5-5,0	25	2 bis 3	140	22	BlN/K?
Höckergans	weiß/grbr	5,0-5,5	4,0-4,5	50	1	120	24	LlK
Lippegans	weiß	6,5-7,0	5,5-6,0	25	2	140	24	BmsN/K
Lockengans	weiß	5,0-6,0	4,5-5,0	25	1	120	24	BlN
Pilgrimgans	1,0 w; 0,1gr	5,5-6,0	4,5-6,5	30	1	140	24	LlK
Pommerngans	rw/gr/ gesch	7,5-8,0	6,5-7,0	30	1 bis 2	170	27	B/LsN/K
Russische Graue Gans	grau	5,0-6,0	4,0-5,0	35	1	160	27	LmsK
Steinbacher Kampfgans	blau/grau	5,5-6,5	4,5-5,5	30	2	130	24	BlN
Toulouser Gans	grau	9,0-10,0	8,0-9,0	30	1	170	27	LsK/N

[1] Abk. Gefiederfarbe: gesch = gescheckt; gr = grau; grbr = graubraun; w = weiß; rw = reinweiß
[2] Ringgröße bei Gänsen bei beiden Geschlechtern gleich
[3] Abkürzungen: L = Legegans; B = Brutgans; l = leicht; s = schwer; ms = mittelschwer; K = Kunstbrut; N = Naturbrut

Pommerngans

Die Pommerngans geht auf die wild lebende Graugans zurück. Aus dem Mittelalter überlieferte Chroniken und Liedertexte, in denen die Größe und das zahlreiche Vorkommen der Pommerngänse gelobt wurden, beweisen, dass es sich um eine alte Rasse bzw. einen alten Schlag handelt. Kantzow, ein Chronist Pommerns, gedachte in seiner mehr als 400 Jahre alten „Pomeriana" voller Bewunderung der „Rügenschen Gänse". Er schreibt, „dass das Land Rügen nichts Namhafteres habe als die vielen und großen Gänse, welche von den Leuten zum Sunde (Strahlsund) zu Markt gebracht würden."

Der genaue Zeitpunkt der Formierung ist jedoch nicht bekannt. Er muss später liegen als bei den Emdenern, weil in der Literatur berichtet wird, dass die Pommerngans aus der Emdener Gans herausgezüchtet worden sei. Bei der Selektion spielte neben der Körpergröße die Rumpftiefe eine große Rolle. Eine gezielte Zucht nach Standards seitens der Rassegeflügelzüchter gibt es jedoch erst seit etwa 70 Jahren.

Ihr Hauptvorkommen beschränkte sich ursprünglich auf die Insel Rügen, den Regierungsbezirk Stralsund sowie auf die Kreise Demmin und Anklam, das vor allem auf die Gänsemärkte in Stralsund und Berlin-Rum-

1,0 Pommerngans, weiß

1,0 Pommerngans, grau

melsburg ausstrahlte. Berühmt geworden sind die Pommerngänse durch die Vermarktung von Spickbrüsten sowie von eingeschlachteten, gepökelten, geräucherten Rümpfen und Teilstücken, die mit der Postkutsche über weite Entfernungen versandt wurden. Auch Gänseschmalz aus dem Ostseeraum war weit über die Landesgrenze hinaus bekannt. Hoch geschätzt worden soll sein die Pommerngans durch Bismarck. Federn fanden bei der Gänsehaltung in Pommern mutmaßlich wenig Beachtung, denn es liegen keine Überlieferungen über Lebendraufen und Bettfedernutzung aus dieser Region vor.

Die früher in anderen Ostseeregionen beheimateten Landschläge wie Angelner, Probsteier und Mecklenburger sind den Pommerngänsen sehr ähnlich.

International hat die Pommerngans nicht die Verbreitung gefunden wie die Emdener. Sie spielt gegenwärtig nur noch in Polen eine größere Rolle, wo sie allerdings kleiner ist. In den Zuchten des Rassegeflügels scheint sich die Haltung dieser Rasse als Brutgans jedoch weiterhin gut zu behaupten. Auf den Großschauen war sie mit ihren drei Farbschlägen am stärksten präsent. Ihr Anteil am gesamten Rassegänsebestand des BDRG liegt bei 28 %.

Die Pommerngans kommt als weißer, grauer und grau gescheckter Farbschlag vor. Als züchterisch besonders interessant und wertvoll gelten die gescheckten Pommern. Das im Standard vorgeschriebene Scheckungsmuster stellt eine große Herausforderung für den Züchter dar. Das Schädelgefieder neigt etwas zur Haubenbildung.

Im Typ unterscheidet sie sich von der Emdener Gans, obgleich sie ebenfalls zu den schweren Rassen zählt. Der Hauptunterschied besteht darin, dass sie voller wirkt, weil bei gleicher Körperlänge die Brust tiefer, breiter und abgerundeter ist und der Rumpf mehr waagerecht getragen wird. Im Querschnitt bildet er ein liegendes Oval und nicht wie bei der Emdener Gans ein stehendes. Hinzu kommen ein nur mittellanger Hals, ein etwas derber Kopf und eine einfache Bauchwamme.

Wirtschaftlich gesehen gilt die Pommerngans als die beste Fleischgans. Das Fleisch ist feinfaserig und besitzt einen besonderen Geschmack. Neben einer gut ausgebildeten Brustmuskulatur sind sehr stark ausgeprägte Schenkel vorhanden, die dicke Fettauflagen aufweisen. Überhaupt fällt

Fett, das bei dieser Rasse ebenfalls besonders wohlschmeckend sein soll, bei Spätmastgänsen in reichlicher Menge an, sodass sie verschiedentlich auch als Fleisch-Fett-Gans bezeichnet wird. Als Standardgewicht werden unabhängig vom Farbschlag 8,0 kg für die männlichen und 7,0 kg für die weiblichen Zuchtgänse gefordert.

Die Eizahl pro Gans beläuft sich im ersten Gelege auf zehn bis 15 Stück und im zweiten auf zehn. Das zweite Gelege kommt im Juni zustande, meist aber nur dann, wenn die Eier des ersten Geleges künstlich erbrütet worden sind.

Das Brutgeschäft wird von den Gänsen sehr zuverlässig wahrgenommen; auch die Gössel werden mit großer Hingabe geführt. Über Kunstbrut und künstliche Aufzucht lassen sich ebenfalls günstige Ergebnisse erzielen.

Die Pommerngänse gelten als ausgesprochene Weidetiere und sind daher besonders für ausreichend große Grasausläufe geeignet. In der Vergangenheit dienten sie zur Verbesserung der Körpergröße kleiner Landrassen, bei denen gleichzeitig Wert auf sicheres Brüten gelegt wurde. Teilweise kam es auch zu Gebrauchskreuzungen zwischen Pommern und Toulousern.

Für die Selektion nach Exterieur (Form) gelten die in der Musterbeschreibung verankerten Anforderungen. Die Gefiederfarbe kann je nach Zuchtrichtung weiß, graugescheckt oder grau sein. Ein Ansatz zur Haubenbildung wird toleriert. Das Gefieder soll straff anliegen. Rosa- bis orangeroter Schnabel sowie große blaue oder braune Augen, je nach Farbschlag mit rotem Ring, sind weitere wichtige Charakteristika. Die Farbe der Läufe entspricht der des Schnabels.

Pommerngänse, graugescheckt

> **!** Darüber hinaus gelten laut Standard folgende Formmerkmale: breiter, massiger Rumpf mit breiten Schultern und waagerechter Körperhaltung; langer, breiter, leicht gewölbter Rücken; sehr volle, breite und vor allem tiefe Brust ohne Kielbildung, etwas angehoben getragen; einfache, nicht zu tiefe Bauchwamme; waagerecht getragener, breiter Schwanz; mittellange, eng anliegende Flügel; sehr stark entwickelte, vom Seitengefieder bedeckte Schenkel; mittelhohe, kräftige, aber nicht zu starkknochige Läufe; kräftiger, mittellanger, breiter Kopf, der im Übergang zum Hals etwas eckig wirkt; breite Backen; etwas nach unten durchgebogener Schnabel; gerader, mittellanger, kräftiger Hals.

35

Toulouser Gans

Die Toulouser Gans stammt ebenfalls von der Graugans ab, was sich an ihrem wildfarbenen Gefieder und ihrer ursprünglich für Gänse charakteristischen Körperform erkennen lässt. Die Rassebildung begann im 14. Jahrhundert in der im Südwesten Frankreichs gelegenen Garonne-Niederung. Ihre Namensgebung gründet sich auf Toulouse, die Hauptstadt dieses Departements.

Die ausschließliche Selektion auf Körpergröße ergab analog zu den ersten Formen der Emdener einen extrem schweren Gänsetyp. Zuchttiere erreichten ein mittleres Lebendgewicht von 15 kg. Aufgrund der gegenüber anderen Rasse schon deutlich höheren Lebergröße erlangten die Toulouser besondere Bedeutung für die Erzeugung von Fettlebern, was eine starke Ausprägung und Wüchsigkeit der übrigen Körperfettgewebe zur Folge hatte. Hochgeschätzt war seit eh und je daneben das Fleisch dieser Gänse, das auch heute noch als sehr schmackhaft und saftig gilt. Trotz

1,0 Toulouser Gans, grau

dieser Entwicklung hatten die Toulouser zunächst die für alle übrigen Rassen typische Körperform beibehalten.

Wegen ständig zunehmender Fruchtbarkeitsstörungen ging man dazu über, die Körpergröße wieder zu reduzieren. So haben die heute bei uns vorhandenen Tiere ein um 45 % niedrigeres Lebendgewicht als die überschweren Typen von damals und liegen damit sogar um 20 % unter den Emdenern.

Die extreme Veränderung des Exterieurs erfolgte durch englische Züchter, die sich im vorigen Jahrhundert auch der Umzüchtung dieser Rasse verschrieben hatten.

Ein „Toulouser Trio"

Es kam hier zu einer Selektion auf extreme Breite und Tiefe des Rumpfes. Dies ergab die heute charakteristische kompakte, massige Kastenform dieser Rasse. Die Körpertiefe beträgt nunmehr mindestens zwei Drittel der Körperlänge. Auch die Anzüchtung von starken Fettfalten, die sich in einer großen Kehlwamme, dem Brustkiel und einer ausgedehnten, tief herabhängenden doppelten Bauchwamme präsentieren, wurde hier vorgenommen.

Erheblich verstärkt wird ihr extrem groß und kompakt wirkender Eindruck durch das lockere Gefieder. Unbeeinflusst von diesen Umzüchtungsprozessen blieb die hochgradige Fettwüchsigkeit. Jungtiere weisen deshalb ebenfalls bereits eine Wammenbildung auf.

Die Toulouser haben als schwere Rasse auch außerhalb Frankreichs eine größere Verbreitung gefunden, vor allem als Kreuzungspartner. So spielten sie bei der Rassebildung der Emdener und der in Russland verbreiteten Großen Grauen eine Rolle. Die Toulouser haben einen hohen Schauwert. Hinzu kommt, dass sie aufgrund ihrer zahlreichen und hervorstechenden Rassemerkmale sehr große züchterische Entfaltungsmöglichkeiten bieten. Sie sind daher bei den Rassegeflügelzüchtern beliebt. Vom Typ her gesehen handelt es sich bei den Toulousern um eine schwere Rasse, die als Wirtschaftsgans weniger gut geeignet ist als die Emdener und die Pommerngans und deshalb vornehmlich zu Liebhaberzwecken gehalten wird. Entgegen kommt den Liebhaberzüchtern das ruhige Wesen und die große Zutraulichkeit der Toulouser. Wegen der großen Bauchwamme ist allerdings die Beweglichkeit stark eingeschränkt.

Als Standardgewicht werden für die männlichen Tiere 9,0 bis 10,0 kg und für die weiblichen 8,0 bis 9,0 kg angestrebt. Relativ bescheiden ist seit jeher die Legeleistung der Toulouser mit 20 Eiern bei einjährigen und 30 bei mehrjährigen Tieren.

37

Beim Tretakt macht sich die riesige Bauchwamme störend bemerkbar, was geringere Befruchtungsergebnisse zur Folge hat.

Die Federnutzung wurde aufgrund der Graufärbung zuweilen etwas infrage gestellt. Dies ist jedoch nur als ein unbedeutender optischer Mangel zu werten. Ansonsten gelten nämlich die Federn der Toulouser sogar als besonders füllfähig. In den internationalen sowie nationalen Standards ist einzig ein wildfarben graues Federkleid ausgewiesen. Aus der älteren Literatur liegen aber Hinweise darüber vor, dass in den früheren Jahren auch weiße und dunkel gefärbte Ganter gefallen sind. Die Graufärbung erstreckt sich mit Ausnahme des weißen Bauches über die gesamte Körperdecke.

Erwünscht ist eine schwarze oder noch besser blaue Schattierung des Grautons. Bei Jungtieren ist das Gefieder etwas heller und geht ins Braungraue. Die Federn von Schultern, Rücken und Flanken sind weiß gesäumt und die des Schwanzes weiß gefärbt. Der orangefarbene Schnabel weist eine leicht aufgehellte Bohne auf. Die Zehenkrallen sehen dunkel hornfarbig und die Läufe orangefarben aus. Bei den Augen herrscht Dunkelbraun in der Iris und Orange im Lidring vor.

Darüber hinaus gelten laut Standard folgende Formmerkmale: langer, breiter, sehr massiver und tief gestellter Rumpf mit voll ausgebildetem Hinterteil und doppelter Bauchwamme; vom Hals zum Schwanz leicht gewölbter breiter Rücken, der fast gerade getragen wird; deutlich hervortretende, tiefe, volle, breite Brust, die tief angesetzt ist und einen vom Halsende zum Bauch geradlinig verlaufenden Kiel aufweist; kurzer, gut entfalteter und waagerecht getragener Schwanz; breite nicht zu lange Flügel, die hoch und dicht anliegend getragen werden; kurze, gedrungene, kräftige, vom Seitengefieder verdeckte Schenkel; kurze und kräftige Läufe; kräftiger, massiger Kopf mit flacher Stirn und gut entwickelter Kehlwamme; kräftiger, kurzer, nach der Spitze zu abwärts gebogener Schnabel; mittellanger, sehr kräftiger und fast senkrecht getragener Hals.

Diepholzer Gans

Diese Rasse wird 1921 von Dürigen erstmals als 4. Gänserasse angeführt. Wenn sie auch bereits in den 80er-Jahren des 19. Jahrhunderts beschrieben wurde, muss sie schon mit in die Kategorie der jüngeren Rasse eingeordnet werden. Ihr Ursprungsgebiet ist die hannoversche Grafschaft Diepholz, eine Landschaft mit weiten Niederungen und ausgedehnten Grünlandflächen, wo die Gänse allerdings auf den Weiden mit kargem Gras und in den Feuchtgebieten mit Sauergräsern auskommen mussten. Zur Abdeckung des Nahrungsbedarfs war unter diesen Bedingungen eine hohe Mobilität der Gänse Grundvoraussetzung. Nicht zufällig gelten deswegen die Diepholzer heute noch als die härteste und genügsamste Gänserasse.

Noch bis in die 1950er-Jahre wurden sie im Frühjahr in großen Scharen auf die dorfeigenen Feuchtwiesen-Hutungen getrieben. Ausgangspopulationen für die Rassebildung waren leichte Landschläge des Ursprungsgebietes, die durch Einkreuzung von Emdenern veredelt wurden. Daher rühren die Ähnlichkeiten in der Linienführung beider Rassen. Wichtigste Zuchtziele waren Beweglichkeit und Weidetauglichkeit. Bemerkenswert ist, dass die typischen Landganseigenschaften wie Frühreife, Bruttrieb und Führen erhalten blieben. Es erfolgten dann auch noch Einkreuzungen von Italienern und Höckergänsen.

Eine ausgesprochene Besonderheit war bei ihrer wirtschaftlichen Nutzung im Ursprungsgebiet die „Winterkükenzucht", das heißt die Erzeugung von 3 kg schweren, zehn Wochen alten Schnellmastgänsen im Win-

0,1 Diepholzer Gans

terhalbjahr, bekannt unter dem Namen „Diepholzer" oder „Hamburger". Namentlich von Hotels waren solche Schlachtgänse in den ersten Monaten des Jahres stark nachgefragt. Für kleine Landwirte bot diese Produktion von Gänsen ein willkommenes Zubrot in dieser einkommensschwachen Jahreszeit. Das ursprünglich charakteristische Legemuster der Diepholzer Rasse geht auf diese Wirtschaftsweise zurück.

In der Rassegeflügelzucht wurde die Blutzufuhr von anderen Rassen fortgesetzt, sodass einige Rassemerkmale mehr und mehr verblassten. Das betrifft vor allem den typischen Verlauf der Eiablage. Die Diepholzer Rasse bildet die Grundlage für einige Lokalschläge, wie Leinegans, Lausitzer Gans und Vogtländische Gans.

Im Bereich der Rassegeflügelzucht gibt es wenige Züchter dieser Rasse. 2009 war sie im Zuchtgänsebestand des BDRG mit etwa 500 Tieren (anteilig 7,2 %) vertreten. Sie gilt daher auch als existenzgefährdete deutsche Gänserasse.

Im Typ zählt sie zu den leichteren Brutgänsen. Hervorzuheben sind ihre elegante Körperform und gute Beweglichkeit. Außerdem gilt sie als sehr zutraulich und recht widerstandsfähig. An die Qualität der Weide stellt sie geringe Ansprüche. Im Sommer kommen die Gänse bei ausreichender Fläche ohne jedes Zufutter aus.

Das Lebendgewicht ist relativ niedrig. Im Standard werden 6,5 bis 7,0 kg für die männlichen und 5,5 bis 6,0 kg für die weiblichen Tiere gefordert. Bei der Frühmast werden in acht Wochen 4,4 kg und in zehn Wochen 4,6 kg erreicht. Als Spätmastgans kommt sie auf etwa 6 kg Lebendgewicht.

Sehr günstig ist die Legeleistung. Aufgrund ihrer Frühreife beginnen die Gänse bereits im September mit dem 1. Gelege, das etwa 15 bis 18 Eier umfasst. Werden die Gössel künstlich aufgezogen, kommt es im Winter zu einem 2. Gelege von zwölf bis 15 Eiern. Schließlich folgt im Frühjahr noch eine 3. Legeperiode mit acht bis zwölf Eiern. Die daraus schlüpfenden Gössel überlässt man in der Regel der Gans zur natürlichen Aufzucht. Auf diese Weise wird eine Jahresleistung von 35 bis 45 Eiern unter den Bedingungen von Naturbrut erreicht. Dieses günstige Legemuster ist bei den in den Rassegeflügelzuchten vorhandenen Diepholzern durch Einkreuzung anderer Rasse fast verloren gegangen. Die Durchschnittsleistung beträgt nur 24 Eier pro Gans.

In Bezug auf die Befruchtung ergeben sich keinerlei Probleme, sodass diese Rasse auch ohne Schwimmwasser gehalten werden kann. Die Diepholzer Gans gilt als gute Brüterin und Führerin.

Die Gefiederfarbe ist rein Weiß und das Exterieur durch eine mittlere Körpergröße und eine stolze, aufrechte Haltung geprägt. Der Schnabel weist eine leichte Rotfärbung auf und eine blasse Bohne. Die Farbe der Läufe ist ebenfalls rötlich. Die Augen sind dunkelblau und von einem schmalen, orangegelben Lidring umgeben.

> **!** Darüber hinaus gelten laut Standard folgende Formmerkmale: mäßig breiter und mäßig tiefer Rumpf, der kräftig gebaut und gut abgerundet ist; mäßig breiter und gut ausgefüllter Rücken, der geradlinig nach hinten abfällt; gut entwickelte und abgerundete Schultern; nicht zu breite, gut gerundete Brust; wenig hervortretender, aber voll gerundeter Bauch ohne Wammenbildung; scharf hervortretender, geschlossener und nahezu waagerecht getragener Schwanz; dichte und hoch anliegende Flügel, die sich über dem Steiß leicht kreuzen; mittellange, leicht sichtbare Schenkel; starke, aber nicht grobe, mittelhohe Läufe; dichtes, hartes, straff anliegendes Gefieder; mittellanger Kopf mit leicht gewölbter Stirn und ohne Kehlwamme; gestreckter, aber nicht zu langer Schnabel mit leicht gebogener Spitze; mittellanger, schlanker, ziemlich dünn angesetzter, aufrecht getragener Hals.

Höckergans

Die Höckergans ist die dem Typ nach leichte Domestikationsform der im mittleren Ostasien lebenden wilden Schwanengans *(Anser cygnoides)*, die schon seit mehreren Jahrhunderten als Haustier in Japan und China gehalten wird. Teilweise ist auch der Name Schwanengans gebräuchlich, der weniger auf ihre Abstammung als auf ihrer charakteristisch schwanenartigen Figur beruhen dürfte. In Europa ist sie seit dem 18. Jahrhundert bekannt. Sie stellt im Vergleich zu den übrigen Standardrassen eine ausgesprochen kleine Legegans dar. In ihren wirtschaftlichen Eigenschaften ähnelt sie Landgänsen, da sie genügsam ist und keine großen Ansprüche an das Futter stellt. Ihr wird aber ein sehr großer Grünfutterbedarf nachgesagt.

Ein weiteres charakteristisches Merkmal ist die hohe Fruchtbarkeit. In Abweichung zu den von der Graugans abstammenden Gänserassen haben Höckergänse wie ihre Wildform eine trompetenartige Stimme, die bei den weiblichen Tieren eine Terz tiefer liegen soll als bei den männlichen. Bei gemeinsamer Haltung sondern sie sich meist von den anderen Hausgänsen ab, sofern sie nicht mit ihnen gemeinsam aufgezogen werden. Die Ganter sind oft recht aggressiv. Höckergänse sollen weidetüchtig sein, aber aufgrund ihrer Zanksucht und Streitlust eine geringe Herdenfestigkeit besitzen. Im Gegensatz zu den europäischen Gänsen bevorzugen sie den Aufenthalt im Wasser; sie baden und tauchen sehr viel.

Der Federertrag ist wegen der kleinen Körperoberfläche und der kurzen, aber sehr dichten Federn weit geringer als bei den europäischen Hausgänsen. Die Federn haben einen sehr festen Sitz, was besonders für die männlichen Tiere zutrifft und die Rupfbarkeit beeinträchtigt. Das Fleisch der Höckergänse hat feinere und kürzere Muskelfasern und gilt daher als ganz besonders zart. Hervorgehoben werden muss in diesem Zusammenhang auch die geringe Neigung zu Fettansatz bzw. Verfettung. Konformation des Schlachtkörpers und Fleischertrag sind jedoch ungünstiger als bei Rassen des Grauganstyps. Für Kreuzungszwecke kann ihre Bedeutung vor allem in der Verbesserung der Reproduktionseigenschaften von wenig fruchtbaren Rassen gesehen werden.

Die Höckergans hat als Hausgans eine große Verbreitung gefunden, allerdings vorwiegend außerhalb des mitteleuropäischen Raumes. Daher rühren auch ihre vielen Namen. Im Ausland wird sie unter der Bezeichnung Chinese Goose bzw. Chinesische Gans geführt. In Russland ist sie maßgeblich an der Begründung der Rassen Kuban, Chomolgory und Gogorsky beteiligt. Bei uns werden Höckergänse für wirtschaftliche Zwecke kaum genutzt. Bedeutung erlangt haben sie jedoch in der Liebhaberzucht

42   *1,0 Höckergans, weiß*

Höckergänse, grau

als eine exotische, attraktiv aussehende Rasse. Im Rahmen des Rassegeflügels wird die Höckergans als wildfarbiger und weißer Farbschlag gezüchtet. Mit einem Bestand von etwa 1000 Tieren innerhalb des BDRG
(anteilig 14 %) ist sie, wenn auch in einem größeren Abstand, hinter den
Pommern gegenwärtig die zweitbeliebteste Gänserasse.

Die wildfarbige Höckergans gleicht fast ihrer Stammform, nur die
Kehlwamme ist weggezüchtet. Als Grundfarbe dominiert Grau mit leichter Brauntönung. Die größeren Federn sind weiß gesäumt. Der Vorderhals
ist zwischen Oberbrust und Auge weiß gefärbt. Der Oberkopf sieht braun
aus. Von hier aus verläuft den ganzen Halsrücken entlang ein schmaler
Streifen als sogenannter Aalstrich. Ein schmaler, weißer Ring bildet die
Abgrenzung des Gesichts von Schnabel und Höcker. Schwanz und Bauch
sind weiß, Schnabel und Höcker schwarz, die Läufe dunkelorangerot und
die Augen tiefdunkelbraun.

Die rein Weißen unterscheiden sich davon durch ihr einheitlich weißes Gefieder sowie durch die blaue Augenfarbe und die rötlich gelbe Farbe
von Schnabel, Höcker und Läufen.

Bezüglich Nutzeigenschaften und Körperformen gilt für beide Farb-
schläge ein einheitlicher Standard. Das Lebendgewicht soll bei den Gantern 5,0 bis 5,5 kg und bi den Gänsen 4,0 bis 4,5 kg betragen. Die Legeleistung liegt im Durchschnitt bei 40 Eiern pro Gans. Es kann somit generell
eine hohe Fruchtbarkeit festgestellt werden. Diese wertvolle Eigenschaft
lässt sich gut für Gebrauchskreuzungen zur wirtschaftlichen Verbesserung
der Mastgösselerzeugung nutzen, indem die Höckergans als Muttergrund- **43**

lage mit einer schweren Vaterrasse verpaart wird. Das Anpaarungsverhältnis kann 1:5 bis 1:8 sein. Die hohe Legeleistung ist bei eigener Brut nicht zu realisieren. Ungeachtet der hohen Fruchtbarkeit sollen die Höckergänse zuverlässige Brüter sein und auch gewissenhaft führen.

Eines der wesentlichen Charakteristika ist der Stirnhöcker. Dieser ist größer bei männlichen als bei weiblichen und bei alten als bei jungen Tieren. Bei Jungtieren setzt die Höckerbildung erst im Herbst des Schlupfjahres ein.

Vom Typ her sind die Höckergänse zu den leichten Legegänsen zu zählen. Sie sollen schlank und schwanenartig gebaut sein.

> **!** Darüber hinaus gelten laut Standard folgende Formmerkmale: lang gestreckter, breiter Rumpf mit nicht hängendem, sondern bogigem Hinterteil; gewölbter Oberrücken; stark abfallender Mittel- und Unterrücken; gerundete und hoch getragene Brust; kurzer, leicht hoch getragener Schwanz; gut an den Körper angelegte Flügel mit langen, breiten Schwingen und in das Kleingefieder eingebetteten Ansätzen; straff anliegendes Gefieder; flache kräftige Schenkel und reichlich mittelhohe und verhältnismäßig kräftige Läufe; lang gestreckter, breiter, hochfirstiger Schnabel mit halbkugeligem Höcker; deutlich abgesetztes Genick; sehr dünner, langer, schwanenartig gebogener Hals.

1,0 Steinbacher Kampfgans, hellblau

Steinbacher Kampfgans

Diese Rasse entstand durch die Einkreuzung von grauen Höckergänsen sowie von Emdenern in Landgänseschläge des Thüringer Waldes. Sogar die alte russische Tula-Gans, ebenfalls eine Kampfgans- bzw. Kurzschnabelrasse, soll an der Entstehung der Steinbacher beteiligt gewesen sein. Als Zeitraum der Rassebildung wird das Ende des 19. Jahrhunderts angenommen und als Gebiet die Gegend um Steinbach-Hallenberg und Brotterode.

Gänsekämpfe spielten im alten Russland eine ähnliche Rolle wie die Hahnenkämpfe in außereuropäischen Ländern. Das gleiche Ansinnen stellte man in Thüringen mit

0,1 Steinbacher Kampfgans, grau

der Herauszüchtung dieser Lokalrasse. Heute hat jedoch das Kampfverhalten keine Bedeutung mehr und so wird die Steinbacher Kampfgans wie jede andere Nutzgansrasse nach bestimmten Standards gezüchtet. Die Verbreitung ist relativ gering und zudem stark lokalisiert. Im Bereich der Rassegeflügelzuchten beträgt ihr Anteil rund 11 %.

Die Steinbacher Kampfgans ist eine mittelschwere Brut- und Weidegans mit einem Standardgewicht von 5,5 bis 6,5 kg beim männlichen und 4,5 bis 5,5 kg beim weiblichen Geschlecht. Die durchschnittliche Legeleistung liegt bei 30 Eiern pro Gans. Steinbacher Kampfgänse bringen in der Regel zwei Gelege, wobei im ersten 15 bis 20 und im zweiten zwölf bis 15 Eier zu erreichen sein sollen. Jungtiere legen oft nur einmal und bringen es dann nur auf zehn bis 15 Eier im ersten Jahr.

Von den allgemeinen Eigenschaften werden immer wieder die auch die Höckergans auszeichnende Robustheit, Widerstandskraft, Beweglichkeit und Futteranspruchslosigkeit hervorgehoben. Das Fleisch ist fettarm, feinfaserig und zart. Die Steinbacher Kampfgans wird in zwei **45**

Farbschlägen gezüchtet, und zwar in einem grauen, wildfarbigen und in einem hellblauen. Die Grauen stimmen in Farbe und Zeichnung mit der wilden Graugans überein. Der hellblaue Typ wurde durch Einzüchtung weißer Rassen geschaffen. Außer dem Hellblau entstand dabei auch eine cremefarbige Säumung der Federn. Wie bei allen wildfarbigen Gänsen sind Bauch- und Steißgefieder weiß. Schnabel und Beine haben eine orangegelbe Ausfärbung. Schnabelbohne und Gebiss sind schwarz. Beim Auge werden eine dunkelbraune Farbe der Iris und ein schmaler gelber Lidring gefordert. Im Gesamtbild soll sie eine mittelgroße, kräftige Gans verkörpern mit stolzer Haltung, geradem Hals und guter Beweglichkeit.

Darüber hinaus gelten laut Standard folgende Formmerkmale: massiger, gedrungener Rumpf, der nach hinten keinen oder nur einen geringen Ansatz einer einfachen mittigen Bauchwamme aufweist; breiter, nach hinten abfallender Rücken; breite und volle, aber nicht zu hoch angesetzte Brust; voller, breiter, gut entwickelter Bauch; etwas hervortretende, starke und gut befiederte Schenkel; kurzer, sich spitz verjüngender, waagerecht getragener Schwanz; lange, anliegende, aber nicht über Kreuz getragene Flügel; glattes, fest anliegendes Gefieder mit guter Daunenbildung; schlanker Kopf ohne Ansatz von Kehlwamme und Höcker; schlanker Schnabel mit geradem First; mittellanger, kräftiger, aufrecht getragener Hals.

Lockengans

Lockengänse entstanden durch mutative Veränderungen am Federschaft. Diese Mutation verursachte 2 bis 3 cm über der Haut eine Verweichlichung des Schaftes und sein Auftrudeln in faserige Fäden, die sich zu Locken zusammenrollen und lose herabhängen. Zuerst wurden derartige Erscheinungen bei Gänsen in Südosteuropa beobachtet. Bei uns kam es in der zweiten Hälfte des 19. Jahrhunderts zur Rassebildung, nachdem aus weißfiedrigen Landgänseschlägen derartige Mutanten herausgelesen worden waren.

Der Grad der Lockigkeit sowie die Ausdehnung der Lockenfedern sind genotypisch variabel. Die Körperdecke kann also bis auf den Hals voll mit Locken überzogen sein. Eine solch ausgedehnte Lockenbildung ist jedoch nirgends erwünscht, weil sie in negativer genetischer Beziehung zum Schlupfergebnis steht. Eine zu starke Lockung soll Schwierigkeiten beim Rupfen bereiten. Da es sich nicht um eine Wirtschaftsrasse handelt, wird dessen ungeachtet im Standard auf eine üppige Lockung hingewiesen. Die Lockenfedern sollen möglichst lang und dabei gleichmäßig ausgebildet

1,0 Lockengans

sein sowie zu beiden Seiten von Schulter und Rücken möglichst lang und dicht herabhängen. Die Erstlingsdaunen sind völlig normal beschaffen, sodass bei den Gösseln noch keine Lockenbildung vorhanden ist.

Lockengänse stellen unter den Rassegänsen eine Rarität dar. Daraus resultieren auch die 3,5 % Anteil am Rassebestand. Gezüchtet wird auf eine relativ kleine, tief gestellte Gans, die schon mehr zu den leichten Brutgänsen neigt.

Der Standard fordert ein Körpergewicht von 5,0 bis 6,0 kg für die Ganter und von 4,5 bis 5,0 kg für die Gänse. Die Ausstellungstiere erfüllen im Allgemeinen diese Anforderungen.

Darüber hinaus gelten laut Standard folgende Formmerkmale: verhältnismäßig kurzer und ziemlich waagerecht getragener Rumpf; ein wenig hervortretender Bauch, möglichst ohne Wamme oder höchstens mit Einfachwamme; Brust voll, rund und etwas hoch angesetzt; für die Läufe eine mittlere Länge sowie eine orangerote Farbe; Kopf klein, länglich rund; blaue Augen; kurzer, orangeroter Schnabel; Hals mittellang, gerade und ziemlich stark ausgebildet; Schwanz soll nur kurze Federn aufweisen, die waagerecht und geschlossen getragen werden.

Deutsche Legegans

Diese Rasse ist eine der jüngsten Wirtschaftsgänserassen, weshalb sie auch noch nicht jene Geschlossenheit und Einheitlichkeit erreicht hat wie die althergebrachten Rassen. Von 1941 an erfolgte im Land Sachsen eine herdbuchmäßige Bearbeitung mit dem Ziel, hohe Leistungen in den Nutzeigenschaften zu erreichen. Außerdem standen Bodenständigkeit und Weidetüchtigkeit im Mittelpunkt der züchterischen Bemühungen. Bis 1957 gab es zwei Zuchtrichtungen: die Brutgans und die Legegans.

Ausgangspopulationen für die Rassebildung waren auf Graugänse zurückgehende weißfiedrige Gänseschläge, die besonders hohe Leistungen aufwiesen und den Typ einer mittelschweren, leicht beweglichen Gans mit tiefem, breitem und mittelhoch gestelltem Rumpf verkörperten.

Als Mindestanforderungen für die Aufnahme in das Herdbuch galten ein Körpergewicht von 6,5 kg für die Ganter und von 5,5 kg für die Gänse sowie ein 8-Wochen-Gewicht von 3,0 kg. Als Standard für die Legeleistung waren 40 Eier pro Gans und Jahr festgelegt worden. Während die Gewichtsanforderungen bald ohne größere Schwierigkeiten erfüllt werden konnten, verlief die Selektion auf Eizahl nicht so erfolgreich. Darüber hinaus wurde auf Federertrag gezüchtet, was im Vergleich zu den Zuchtzielen anderer Gänse-

 Darüber hinaus gelten laut Standard folgende Formmerkmale: mäßig breiter und tiefer, kräftig gebauter und gut abgerundeter Rumpf; kräftiger, mittellanger Kopf ohne Kehlwamme; mittelgroßer Schnabel; mittellanger, im Nacken leicht gebogener, aufrecht getragener, kräftiger Hals; geradliniger, nach hinten wenig abfallender, gut entwickelter und gut gefüllter Rücken; nicht tief heruntergehender, aber gut gerundeter Bauch mit doppelter kleiner Wamme; wenig hervortretender, fast waagerecht und geschlossen getragener Schwanz; dicht und hoch anliegende Flügel; starke, aber nicht grobe, mittelhohe Läufe.

rassen eine einmalige Besonderheit darstellte. Als Norm galten 200 g Federn pro Gans und Jahr. Hauptzuchtgebiet war das Land Sachsen.

Mit der Einführung des Linienzuchtverfahrens im Jahre 1963 wurde im landwirtschaftlichen Bereich die Zuchtarbeit bei Gänsen eingestellt, sodass seit diesem Zeitpunkt auch Legeganszuchten ausschließlich in der Rassegeflügelzucht anzutreffen sind. Ihre Verbreitung ist hier allerdings sehr gering. Sie war bis 1990 auf die ehemalige DDR beschränkt, wurde aber nach der Wiedervereinigung Deutschlands 1991 als Rasse auch in den BDRG-Geflügelstandard aufgenommen. Allerdings konnte sie sich

1,0 Deutsche Legegans

hier nicht durchsetzen. Mit lediglich 200 Zuchttieren (anteilig 2,8 %) fällt sie als dritte deutsche Gänserasse unter die existenzgefährdeten Rassen.

In Bezug auf das Exterieur wird eine mittelschwere, aber nicht plumpe und leicht bewegliche Gans, ein ausgesprochenes Weidetier mit aufrechter Haltung angestrebt. Das Gefieder soll dicht, straff anliegend und rein weiß sein, der Schnabel orangegelb, die Läufe gelb und die Iris blau.

Böhmische Gans (früher Tschechische Gans)

Mit den um 1970 in der ehemaligen DDR zur Auffrischung des Genfonds getätigten Zuchtimporten gelangte auch diese Rasse unter der Bezeichnung „Tschechische Gans" nach Deutschland. Sie war unter dem Namen Böhmische Landgans bekannt, den sie seit 2010 nun auch wieder trägt. Zurückgehend auf ihre von Wiesen und Teichflächen geprägte böhmische Heimat ist sie wie ein ausgesprochenes Weidetier mit Anspruch auf Grünauslauf sowie auf ausreichend Schwimmgelegenheit oder zumindest Bade-

0,1 Böhmische Gans

möglichkeit. Nur unter diesen Bedingungen kann sie ihre Veranlagung zu eifriger Futtersuche und ihr temperamentvolles Wesen richtig entfalten.

Vom Typ her handelt es sich um eine kleine Legerasse (40 bis 60 Eier pro Gans), die sich durch Frühreife, gute Mastfähigkeit und zartes, feinfaseriges Fleisch auszeichnet. Hervorstechend sind ihre grazile Figur, der geschlossene kompakte Rumpf mit kurzem Hals und tiefem Stand sowie das straff anliegende Gefieder. Sie gilt als ausgesprochenes Weidetier und hat ein temperamentvolles Wesen. In der landwirtschaftlichen Gänseproduktion konnte sie sich allerdings nicht behaupten, weil bei der damals dominierenden Frühmast nur ein durchschnittliches 8-Wochen-Gewicht von 3,5 kg erreicht wurde. In der Spätmast kam sie auf 5,3 kg.

Resonanz fand die Böhmische Gans bei den Rassegeflügelzüchtern wegen ihrer Schönheit und Fruchtbarkeit, sodass in den 1970er-Jahren eine Aufnahme in den Rassegeflügelstandard des VKSK (ehemaliger Rassegeflügelzüchterverband der DDR) erfolgte und 1991 in den Standard des BDRG. Hier zählt sie zu den selteneren Rassen. Laut Bestandserfassung von 2009 gibt es etwa 330 Zuchttiere (anteilig 4,6 %).

Das Körpergewicht sollte für Ganter 5,0 bis 5,5 kg und für Gänse 4,0 bis 4,5 kg betragen.

> **!**
>
> Darüber hinaus gelten laut Standard folgende Formmerkmale: langer, breiter, leicht nach vorn aufgerichteter Rumpf; langer, wenig gewölbter, nur nach hinten abfallender Rücken, der sich von den breiten Schultern aus nach hinten verjüngt; sehr breite, etwas vorgebaute, gut bemuskelte Brust; gut gerundeter Bauch ohne Wamme; der Rückenlinie folgender, spitz auslaufender Schwanz; lange, hoch und fest am Körper anliegende, über die Schwanzspitze nicht hinausragende Flügel; kurze, stämmige Schenkel; Unterschenkel ein wenig sichtbar; mittellange, breit gestellte, rotorangefarbene Läufe; nur wenig gebogener kräftiger, kurzer Hals; kleiner kurzer, breiter Kopf mit kräftigen Backen, leicht gewölbter Stirn und gut gerundete, in den Hals fließend übergehende Oberlinie; gut ausgeschnittene Kehle; kurzer, kräftiger, gelber Schnabel mit blassrosa Bohne und geradem First; blaue Augen mit orangerotem Ring; weißes, festes, straff anliegendes Gefieder.

Celler Gans

Die Celler Gans ist im Vergleich zur Deutschen Legegans und zur Rheinischen Gans die letzte der drei im vorigen Jahrhundert in Deutschland neu gezüchteten Gänserassen. Die Idee der Herauszüchtung entstand Anfang der 1960er-Jahre in der Bundesforschungsanstalt für Kleintierzucht in Celle. Es sollte für den Kleinerzeuger eine genügsame, wetterharte, zu-

0,1 Celler Gans

verlässig brütende und gut führende Gans mit einer Gelegegröße von 15 bis 20 Eiern geschaffen werden.

Als Ausgangsmaterial diente ein brauner bzw. braun gescheckter Landgänseschlag aus dem Harz-Heide-Raum. Braune Ausfärbung wurde deshalb bevorzugt, weil sie als Marker für hohe Brut- und Aufzuchtleistung gilt. Sie stellt wie gelbes Gefieder eine Verdünntfarbe der Buff-Wildfärbung dar und wird rezessiv vererbt. 1973 wurde die Celler Gans in den Rassegeflügelstandard aufgenommen.

Vom Typ her zählt sie zu den mittelgroßen Brutgänsen. Hervorzuheben sind gute Beweglichkeit und ruhiges Wesen. Wegen ihres dunklen Gefieders ist sie bei lang anhaltender starker Sonneneinstrahlung noch mehr auf Schatten angewiesen als andere Gänserassen.

Das Standardgewicht wird mit 5,5 bis 6,5 kg für Ganter und mit 4 bis 6 kg für Gänse angegeben.

> Darüber hinaus gelten laut Standard folgende Formmerkmale: mittellanger, gut gerundeter, leicht aufrecht stehender Rumpf; verhältnismäßig langer, breiter, leicht abfallender, an den Seiten gut gerundeter Rücken; breite, gut gerundete Brust ohne Kielbildung; gut gerundeter Bauch mit Einfachwamme; waagerecht getragener, geschlossener Schwanz; mittellange, anliegende, an den Spitzen leicht gerundete Flügel; glatt anliegendes Gefieder; kräftige, vom Gefieder weitgehend verdeckte Schenkel; mittelhohe, kräftige, hellfleischfarbene Läufe; mittellanger, kräftiger Kopf und Hals; mittellanger, kräftiger, hellfleischfarbener bis schwach orangefarbener Schnabel mit heller hornfarbiger Bohne; braune Augen mit gelbrotem Ring.
> Farbe und Zeichnung: helllederbraune Färbung von Kopf-, Hals- und Brustgefieder; weißes Gefieder an Bauch und Hinterviertel; braune hell gesäumte Federn auf Schulter-, Rücken-, Flügel-, und Schenkelpartie.

Elsässer Gans

Die Elsässer Gans wurde im Jahre 1988 vom BDRG als Rasse im Farbschlag Grau anerkannt. Ihre Biografie ist sehr lückenhaft. Man vermutet, dass sie auf eine durch Einkreuzung von Schwanengänsen in Graugänse entstan-

0,1 Elsässer Gans, grau

dene Landgans des unteren Elsass zurückgeht. Vom Äußeren her bestehen große Ähnlichkeiten mit der Graugans.

Dem Typ nach zählt die Elsässer Gans zu den leichten Brutgänsen, denn das Standardgewicht liegt lediglich bei 4 bis 4,5 kg (für beide Geschlechter). Über die Größe ihres Geleges existieren keine Angaben. Die Elsässer Gans besticht durch ihre Kleinheit, Feinheit und Eleganz sowie durch ihre Anhänglichkeit und Zutraulichkeit. Sie hat bislang nur geringe Verbreitung in den Zuchten gefunden und wirkt noch wenig durchgezüchtet.

> **!** Darüber hinaus gelten laut Standard folgende Formmerkmale: kleine Gans mit breitem Körperbau und abgerundeten Körperformen bei verhältnismäßig niedriger Stellung; kurzer, breiter, massiger Rumpf ohne Kiel und Wamme; breiter, etwas gewölbter Rücken; runde und volle Brust ohne Kielansatz; kurzer, leicht aufrecht getragener Schwanz; lange und breite, gut anschließende Flügel; mittellange, vom Seitengefieder bedeckte, aber breit gestellte Schenkel; nicht zu lange, starke, fleischfarbige bis gelbe Läufe; ziemlich kurzer, mittelstarker, aufrecht getragener Hals; nicht zu dicker, kurzer, länglich ovaler Kopf ohne Stirnansatz; mittellanger, mehr hoch als breiter Schnabel von blassroter Farbe; braune Augen.
> Farbe und Zeichnung: wildfarbig wie Graugans, Bauch hellgrau bis weiß (neuerdings auch „graugescheckt").

Lippegans

Die Lippegans ist eine der wenigen alteingesessenen Originalgänserassen in Deutschland.

Sie ist vom Typ her eine mittelschwere Landgans und hat die Bedeutung einer lokalen Nutzgänserasse. Hinsichtlich der Zuchtrichtung zählt sie zur Kategorie der frühen Brutgänse.

Der Rassename geht auf ihre Heimat, das Quell- und Flussgebiet der Lippe in Westfalen zurück. Vor allem die Lippeniederungen mit ihren ausgedehnten Flächen wüchsigen Grünlands und den dazwischenliegenden Gewässern boten ideale Lebensbedingungen für Gänse. Nicht umsonst ist die Lippegans hier seit Langem als bodenständige Weidegans zu Hause. Laut Literatur soll es sich bei ihr um die einzige in Westfalen seit 1860 nachgewiesene Gänserasse handeln. Für die in dieser Region zahlreich angesiedelten Kleinbauernwirtschaften waren die Gänsezucht und -haltung eine willkommene Nebenproduktion zur Aufbesserung ihrer niedrigen Einkommen. Unterbringung und Fütterung der Gänse erfolgten ausgesprochen extensiv und mit geringem Aufwand.

Produktionsziel war einzig die Aufzucht von „flüggen Gösseln" zum Verkauf sowie die Erzeugung der dazu notwendigen Eintagsküken. Es handelte sich dabei um acht Wochen alte, etwa 2,5 kg schwere Magergänse, welche Anfang Mai jeden Jahres von den Weideflächen zu den umliegenden Bahnstationen getrieben und zum Versand an Berliner Großmästereien (Oderbruch) verladen wurden. Unter diesen harten Bedingungen entwickelte die Lippegans eine herausragende Veranlagung für wichtige Nutzeigenschaften wie Frühreife, Frohwüchsigkeit, Marschtüchtigkeit, Ausdauer bei der Futtersuche, Futterdankbarkeit, Wetterfestigkeit und Vitalität.

Kenntnisse über den Weg der Herauszüchtung liegen kaum vor. Die weiße Gefiederfarbe soll auf Einkreuzung von Tieren der Rasse Diepholzer in die grauen und weißgrauen Landschläge der Lipperegion beruhen.

Die Bedeutung und Verbreitung der Rasse war und blieb fast ausschließlich regional auf das Ursprungsgebiet begrenzt. Ihre Blütezeit hatte die Lippegans in der ersten Hälfte des 20. Jahrhunderts bis zum Zweiten Weltkrieg. Aufgrund veränderter wirtschaftlicher Bedingungen kam es nach 1950 zu einem drastischen Bestandsrückgang. 1969 verschwand sie

0,1 Lippegans

sogar aus dem Rassestandard des BDRG mangels Ausstellungsbeteiligung. Vor etwa 25 Jahren kam es schließlich durch Rückkreuzungen unter Verwendung weißer Genotypen zu einer Revitalisierung der Rasse. 1991 erfolgte die Wiederanerkennung durch den Zuchtausschuss des BDRG.

Gegenwärtig liegt die Anzahl der registrierten Zuchttiere bei etwa 100 Stück (~1,6 % des Gesamtbestandes). Aufgrund dieser geringen Populationsgröße gilt die Lippegans in ihrer Existenz als stark gefährdet.

Mit dieser Rasse steht eine weißfiedrige, mittelschwere, mittelhoch gestellte, sehr bewegliche Weidegans zur Verfügung, die frohwüchsig und gut mästbar ist und eine günstige Futterverwertung besitzt. Der Schlachtkörper wird wegen seiner Fleischfülle und Feinknochigkeit sowie der Zartheit des Fleisches besonders geschätzt. In Bezug auf Körpergewicht sieht der Standard für männliche Zuchttiere 6,5 bis 7 kg und für weibliche 5,5 bis 6 kg vor. Brut- und Führungsverhalten sind gut und zuverlässig. Die Eier sollen auch für Kunstbrut geeignet sein. Hinsichtlich Legeleistung werden zwei bis drei Gelege mit jeweils zwölf bis 15 Eiern angestrebt.

Das Exterieur weist zahlreiche Rassemerkmale auf. Besonders typisch ist der dreikantige, orangerot gefärbte Schnabel mit seinen aufspringenden Nasenlöchern. Als Farbe der Läufe wird ebenfalls Orangerot gefordert. Bei den Augen gelten Blau für die Iris und Gelbrot für den Lidring als rassetypisch.

> **!** Darüber hinaus gelten laut Standard folgende Formmerkmale: ziemlich langer, breiter, allseitig gerundeter, fast waagerecht getragener Rumpf; langer, flacher, breiter etwas abfallender Rücken; volle, runde, hoch angesetzte und etwas angehoben getragene Brust; Bauch beim Ganter voll, rund und ohne Wamme, aber bei der Gans altersabhängig mit einer einfachen, gerade in der Bauchmitte sitzenden, nicht zu großen Wamme; langer Kopf mit mäßig gewölbtem Scheitel; gut mittellanger, nicht zu dünner Hals; fest anliegende Flügel; kurzer, breiter, geschlossener, mit dem Rücken eine Linie bildender Schwanz; mittellange, kräftige, orangefarbene Läufe; dichtes, straff anliegendes Gefieder.

Russische Gans

Diese Gans gehört zur Art *Anser anser* und verkörpert eine robuste, mittelschwere, graue Legegans. Sie wird in Russland teilweise auch als Kampfgans geschätzt und unter dem Rassenamen „Große Graue" geführt. Es handelt sich um eine der jüngeren Gänserassen. Herausgezüchtet wurde sie nach wirtschaftlichen Gesichtspunkten an der Forschungsstation für Geflügel Borki in der Ukraine, einem Land, in welchem sie auch heute noch zu Hause ist.

0,1 Russische Gans, grau

Ausgangsbasis bildete eine Kreuzung zwischen der Rasse Toulouser und dem russischen Landgänseschlag Romny. Farbe und Zeichnung des Gefieders der daraus entstandenen neuen Rasse (Große Graue bzw. Russische Gans) beruht auf folgenden Allelpaaren:

CC/SpSp/sd-GG/nsns/wbwb/kbkb

In den 1970er-Jahren gelangte sie im Rahmen staatlicher Zuchttierimporte unter dem Namen „Große Graue" als „neue" Wirtschaftsrasse in die ehemalige DDR. Kommerzielle Bedeutung konnte sie jedoch nicht erlangen. Zur Bewahrung dieses Genpools und wegen der züchterisch interessanten Gefiederfarbe wurde sie 1983 vom ehemaligen VKSK in das Zuchtprogramm für Rassegänse aufgenommen. Nach 1990 fand sie Aufnahme in den BDRG-Standard unter der Bezeichnung „Russische Gans, Farbschlag Russische Gänse, grau".

Der Zuchtbestand ist mit 140 bis 180 Tieren in den letzten zehn Jahren nahezu gleich bleibend, jedoch mit einem Anteil von nur etwa 2 % am Gesamtbestand von Rassegänsen in seiner Bedeutung gering.

57

Die Russische ist eine mittelschwere, mittelgroße, kompakte, geschlossene Gans, die sehr beweglich, ausgesprochen weidetüchtig und vital ist. Sie ist einfach zu halten, zu füttern und zu pflegen und erbringt angemessene, stabile Nutzleistungen. Im Standard wird ein Körpergewicht von 5 bis 6 kg für Ganter und 4,5 bis 5,5 kg für Gänse gefordert. Die Legeleistung pro Gans und Legejahr kann bis zu 35 Eier betragen. Teilweise ist Bruttrieb noch vorhanden.

Hinsichtlich der Farb- und Zeichnungsmerkmale gelten nachfolgende Richtlinien: Der Schnabel soll orangefarbig sein und die Bohne hornfarbig. Die Farbe der Läufe muss dagegen mehr ins Rötliche gehen. Für die Augen fordert man eine braune Iris und einen orangefarbigen Lidring. Die Farbe des grauen Gefieders soll ein sattes Grau sein. Es darf einen Schein ins Bläuliche aufweisen. Bei den großen Rücken- und Flügeldecken, den Armschwingen sowie bei dem von der Brust- bis zur Unterschenkelregion reichenden Seitengefieder gilt feine weiße Säumung als rassetypisch. Die Farbe von Bauch- und Steißgefieder ist weiß und die der Steuerfedern grau mit weißem Saum.

Darüber hinaus gelten laut Standard folgende Formmerkmale: kräftiger, mittellanger, breiter und tiefer Rumpf, der bei den männlichen Tieren besonders markant ausgebildet ist und nur leicht angehoben getragen wird; mittellanger, leicht gewölbter Rücken; breite Brust ohne Kiel; voller und breiter Bauch mit einer doppelten Bauchwamme mit geradem Abschluss; mittelgroßer Kopf ohne ausgeprägte Stirn und Backen; gut abgerundete Kehlpartie; mittellanger, nicht zu starker Hals; fest anliegende, sich wenig kreuzende Flügel; wenig hervortretende Schenkel; mittellange, kräftige Läufe; fest anliegendes Gefieder. Wichtige Farbmerkmale: satt graues Gefieder mit einem leichten Blaustich; Schnabel orange mit hornfarbiger Bohne; Läufe rötlich; Augen braun und von einem orangefarbigen Ring umschlossen.

Pilgrimgans

Bei der Rasse Pilgrim handelt es sich um eine mittelschwere Gans des Landgänsetyps, die in Missouri, USA, aus einem bis heute unbekannten europäischen Landschlag zu einer leistungsfähigen, mittelschweren Legegans gezüchtet wurde. Ihren Rassenamen erhielt sie 1935 in Iowa, nachdem sie dort während der Weltwirtschaftskrise erfolgreich wieder eingebürgert und verbreitet worden war (pilgrimage = Pilger). Später verlor sie wieder stark an Bedeutung wie die Gänsezucht in den USA allgemein. Größerer Beliebtheit erfreut sie sich als Nutzgänserasse in Kanada.

0,1 Pilgrimgans, kennfarbig

Die Pilgrimgans nimmt unter allen Gänserassen insofern eine gewisse Sonderstellung ein, als sie die einzige Kennrasse ist. Das bedeutet, dass sich auch im Erwachsenenalter das Geschlecht äußerlich noch sicher erkennen lässt (siehe auch „Geschlechtsvererbung" S. 81). Im Kükenalter ist dies anhand der Schnabelfarbe (männlich hell, weiblich dunkel) und der Ausfärbung des Dunenkleides (männlich überwiegend gelbgrau, weiblich überwiegend sattgrau) möglich, später aufgrund der Grundfarbe des Gefieders (männlich Weiß, weiblich Hellgrau).

1,0 Pilgrimgans, kennfarbig

Wirtschaftlich gesehen ist diese Rasse eine gute, bewegliche Weidegans, die sich durch intensive Futtersuche, Robustheit, Wetterfestigkeit, ein ruhiges Wesen und Zutraulichkeit auszeichnet. Das Körperwachstum verläuft langsam. Bruttrieb ist noch vorhanden. Bei uns hat sie als Nutzgans keine Bedeutung. Im BDRG gibt es davon zurzeit auch nur drei Zuchten. **59**

Im Standard wird ein Körpergewicht von 5,5 bis 6,5 kg für Ganter und 4,5 bis 5,5 kg für Gänse gefordert. Die Legeleistung soll zwischen 30 und 35 Eier pro Gans und Jahr liegen. Natürliche Brut und Aufzucht sind möglich.

Hinsichtlich der Farb- und Zeichnungsmerkmale gelten nachfolgende Richtlinien: Der Schnabel soll, wie auch die Läufe, orangefarbig sein und die Schnabelbohne hell. Für die Augen sind eine blaugraue (männlich) bzw. mehr dunkelbraune (weiblich) Iris und ein schmaler, orangegelber Lidring vorgeschrieben.

Beim Gefieder muss aufgrund des Kennrassencharakters zwischen den Geschlechtern differenziert werden. Für den Ganter gilt als Grundfarbe Weiß, wobei im Gefieder von Flügeln, Rücken und Schwanz leichte Spuren von Grau erlaubt sind. Bei der Gans ist die Gefiedergrundfarbe Hellgrau, vom Oberhals bis zum Kopf noch heller werdend und am Schnabel weiß endend.

Darüber hinaus gelten laut Standard folgende Formmerkmale: mäßig langer und waagerecht getragener Rumpf; mäßig breiter, flacher, gerader Rücken; runde, volle, tiefe Brust ohne Kiel; runder, voller und nicht zu tief hängender Bauch ohne Wamme; mittellanger Kopf ohne Kehlwamme; mittellanger, gerader, kräftiger, glatter Schnabel; mittellanger, mittelstarker leicht gebogener Hals; fest anliegende, nur wenig kreuzende Flügel; mittellanger, fast waagerecht getragener Schwanz; wenig hervortretende Schenkel; kräftige, mittellange Läufe; fest anliegendes Gefieder.

Empordagans

Die Empordagans ist eine kompakte, leichte Rasse im kräftigen Landganstyp. Ihr Name geht auf die spanische Provinz Emporda zurück. Hier soll sie im 19. Jahrhundert herausgezüchtet und als Rasse anerkannt worden sein. Neben dem originären Farbenschlag Weiß (naturfarben) entstand später ein zweiter namens „American Tufted Buff". Im Rahmen des BDRG wird nur der weiße Farbschlag gezüchtet. Er führt hier wie auch die Pilgrimgans allerdings nur ein Randdasein.

Als Wirtschaftsgans hat die Rasse bei uns keine Bedeutung erlangt, obwohl sie gute Nutzeigenschaften besitzt. Sie ist frohwüchsig, vital, genügsam, agil und weidetüchtig und erbringt mit durchschnittlich 40 Eiern pro Gans und Jahr eine beachtliche Legeleistung. Ihr Körpergewicht soll laut Standard im zuchtfähigen Alter 5 bis 6 kg beim Ganter und 4,5 bis 5 kg bei der Gans betragen. Natürliche Brut und Aufzucht sind möglich. Vom Erscheinungsbild her handelt es sich um eine elegante, mittelgroße Gans mit Federhaube und doppelter Bauchwamme.

1,0 Empordagans

Hinsichtlich der Farb- und Zeichnungsmerkmale gelten nachfolgende Richtlinien: orangener bis rötlich orangener Schnabel mit zart fleischfarbener Bohne; orangerote Läufe; hellblaue Augen mit orangenem Lidring; weißes Gefieder.

> **!** Darüber hinaus gelten laut Standard folgende Formmerkmale: mittelgroßer Rumpf mit angehobener Körperhaltung; langer, leicht gewölbter, von den Flügeln bedeckter Rücken; breit und voll gut gerundete, angehoben getragene Brust; nicht hervortretendes Brustbein; voller, gut entwickelter, Bauch mit nach hinten gut geschlossener, den Boden nicht berührender Doppelwamme; starker Kopf mit mittelgroßer Federhaube und guter Backenbildung; mittelgroßer Schnabel; ziemlich starker, langer, leicht gebogener Hals; große, fest anliegende, sich mit den Spitzen der Handschwingen leicht kreuzende Flügel; geschlossener, leicht angehobener Schwanz; kräftige, ins Gefieder leicht eingebettete Schenkel; mittelhohe, starke Läufe; fest anliegendes Gefieder.

Afrikanische Höckergans

Bei der Rasse Afrikanische Höckergans (englisch „The African") handelt es sich um eine schwere, graubraune Legegans. Sie zählt bei uns zu den sehr seltenen Gänserassen. Abstammungsmäßig ist sie wie die im Standard bereits länger als leichte Rasse anerkannte Höckergans der Art *Anser cygnoides* zuzuordnen.

Nach neueren Erkenntnissen stellt sie offensichtlich neben der kleineren Chinesischen Höckergans (englisch „The Chinese") eine zweite, und zwar auf hohes Körpergewicht selektierte Domestikationsform der Wilden Schwanengans (englisch „The Swan Goose") dar. Danach hat sie nicht, wie bisher angenommen, ihren Ursprung in Afrika, sondern ebenfalls in China. Auf Schiffen kam sie nach Amerika und reiste dann von dort aus weiter um die Welt. Gesicherte Nachweise über ihr Vorkommen in Europa gehen auf das Jahr 1793 zurück.

1,0 Afrikanische Höckergans, graubraun

Erstmals als eigenständige Rasse unter dem Namen African Goose trat sie 1845 auf einer Geflügelausstellung in London in Erscheinung. Internationale Rassestandards weisen sie in den drei Farbvarianten „Braun/Grau", „Buff" und „Weiß" aus. Besonderer Beliebtheit erfreuen sich die „Afrikaner" heutzutage vor allem wegen ihres hohen Schauwertes verbunden mit einem großen Ausstellungseffekt (imposante Tiere: Ganter im Stehen 1 Meter hoch).

Sie sind sehr frohwüchsig und liefern ein hochwertiges mageres Fleisch. Jungtiere erreichen im Alter von 18 Wochen ein Gewicht von 8 kg. Das Aussehen des Schlachtköpers wird allerdings durch die dunklen Federkiele nachteilig beeinflusst.

Von Hand aufgezogen sollen sie sehr zahm, sittsam und gelehrig werden. Im Gegensatz zu anderen Gänserassen sollen sie gut mit hohen Temperaturen fertig werden, aber auch Kälte vertragen, wenn der Stirnhöcker gegen Frost geschützt werden kann. Trotz ihres großen, kräftigen und muskulösen Körperbaues wirken die Tiere keineswegs plump, sondern bewegen sich sehr agil und aktiv. An Futter benötigen sie reichlich Getreide. Angaben über eine wirtschaftliche Nutzung liegen aus den USA, Kanada, Großbritannien und Australien vor.

Bei uns besitzt die Afrikanische Höckergans keine kommerzielle Bedeutung. Sie ist ausschließlich im Sektor der Rassegeflügel- und Hobbyhaltung anzutreffen, allerdings auch nur in einem sehr geringen Umfang. Als Rasse anerkannt ist sie vom BDRG erst seit 2003, und zwar im Farbschlag Graubraun. Im Jahr 2009 waren hier gerade einmal 60 Zuchttiere registriert (anteilig etwa 1 %).

Im Standard wird ein Zuchttiergewicht von 8 kg für Ganter und 7 kg für Gänse gefordert. Die Legeleistung liegt bei 35 Eiern pro Gans und Legejahr. Der Bruttrieb ist gering.

Bei der Afrikanischen Höckergans handelt es sich um eine große, schwere, breit und tief gestellte Gans mit aufrechter Haltung. Ihr Körper ist fast so lang wie breit. Charakteristisch sind der halbkugeliger Stirnhöcker, die glatte, am oberen Hals und Unterkiefer ausgebildete Wamme sowie der dunkelbraune vom Oberkopf bis zu den Schultern reichende Aalstrich. Die Stimme ist analog zur Chinesischen Höckergans trompetenartig, allerdings ein wenig tiefer.

Hinsichtlich der Farb- und Zeichnungsmerkmale gelten nachfolgende Richtlinien: Schnabel sowie Höcker sollen schwarz, die Läufe orangefarbig und die Augen dunkelbraun gefärbt sein; beim Gefieder herrscht ein braun getöntes Grau vor; Schulter-, Flügel- und Schwanzfedern sind rahmweiß gesäumt; Vorderhals und Oberbrust sollen fahlweiß, die Brust fahlbraun sein; der Aalstrich (scharf begrenzter, dunkelbrauner Streifen) hat sich auf dem Hinterhals vom Oberkopf bis zu den Schultern zu erstrecken; Schnabel und Höcker werden vom Gesicht durch einen schmalen, weißen Streifen abgegrenzt; Bauch und Hinterteil tragen weißes Gefieder; die Schwanzfedern sind grau gefärbt und weiß gesäumt.

63

> **!** Darüber hinaus gelten laut Standard folgende Formmerkmale: lang gestreckter, breiter, tief gestellter, aufgerichteter Rumpf; leicht angezogenes, nicht hängendes Hinterteil; nach hinten leicht abfallender Rücken; breite, gut gerundete, leicht angehoben getragene Brust; gut entwickelter Bauch mit ausgeprägter, nach hinten geschlossener, nicht zu tief hängender Doppelwamme; gedrungener, breiter Kopf; ausgeprägte, starke, gut gerundete Kehlwamme; hochfirstiger Schnabel mit einem halbkugelförmigen Höcker; mittellanger, starker, gerader Hals; mittellange, kräftige Flügel; kurzer, etwas angehoben getragener Schwanz; kompakt bemuskelte Schenkel; knapp mittellange, kräftige Läufe; dichtes, weiches und glatt anliegende Gefieder.

1,0 Fränkische Landgans, blau

Fränkische Landgans

Diese Gans gehört zur Art *Anser anser* und ist die jüngste neu zugelassene heimische Gänserasse. Sie entspricht dem Typ einer leichten Landgans ähnlich der Rasse Diepholzer, ist jedoch etwas schwerer. Hinsichtlich der Zuchtrichtung vertritt sie die Kategorie „frühbrütende Brutgans".

Hervorgegangen ist sie aus einer bodenständigen Landgans des Main-Saale-Gebiets und kommt schon sehr lange auf fränkischen Höfen in fast allen Farbschlägen vor. Verschiedentlich wird sie jedoch auch als eine große und schwere Teilpopulation der Bayerischen Landgans deklariert.

Die Anerkennung als eigenständige Rasse durch den Bundeszuchtausschuss des BDRG erfolgte im Jahr 2004, und zwar als „Fränkische Landgans, blauer Farbschlag".

Sie gilt als gesellige, agile Weidegans. Bei der Schlachtung liefert sie einen Braten von mittlerer Größe und guter Fleischqualität sowie ein Federngefälle mit einem hohen Daunenanteil. An Fütterung und Haltung stellt sie geringe Ansprüche. Dank ihrer Genügsamkeit und sehr guten Beweglichkeit benötigt sie bei einem ausreichenden Weideangebot nur wenig Zusatzfutter. Brutfreudigkeit und zuverlässiges Führen sind besonders gut ausgeprägt. All diese Eigenschaften kommen den Belangen der kleineren Gänsehalter sehr entgegen. Nicht zufällig war daher die Fränkische Landgans als neue Rasse im Jahr 2009 innerhalb des Rassegänsebestandes des BDRG bereits mit 119 Zuchten und etwa 500 Zuchttieren (anteilig 7 %) vertreten.

Vom Gesamteindruck her ist die Fränkische Landgans ein nahezu mittelgroßes, ziemlich gedrungenes, mittelhoch gestelltes Tier. Im Standard wird ein Körpergewicht von 5 bis 6 kg für Ganter und 4 bis 5 kg für Gänse gefordert. Hinsichtlich Fruchtbarkeit ist die Frühreife hervorzuheben. Das erste Gelege fällt bereits Anfang Januar, das zweite im Zeitraum März/April an. Zuweilen kommt es auch noch zu einer dritten Brut. Die Eizahl je Gelege soll zehn bis 15 Stück betragen. Die Eier sind nicht kunstbrutfest.

Hinsichtlich der Farb- und Zeichnungsmerkmale gelten nachfolgende Richtlinien: Der Schnabel soll, wie auch die Läufe, orangefarbig sein und die Schnabelbohne hell. Für die Augen sind eine graubraune Iris und ein orangefarbiger Lidring vorgeschrieben. Beim Gefieder im Ganzen herrscht ein reines, mittleres Blau als Grundfarbe vor. Eine Ausnahme davon bilden die Federn am Bauch und an der Afterpartie, denn diese haben weiß zu sein. Das blaue Flanken- und Deckgefieder muss eine gut ausgeprägte durchgehend schmale weiße Säumung aufweisen. Für den Schwanz gilt Blau mit weißem Federsaum.

> **!** Darüber hinaus gelten laut Standard folgende Formmerkmale: mittellanger, breiter, gut gerundeter und waagerecht getragener Rumpf; mittellanger, verhältnismäßig breiter Rücken mit gut eingebauten Schultern; breite, voll ausgerundete und leicht angehoben getragene Brust; gut ausgeprägter, glatter Bauch, eventuell auch mit kleiner Einfachwamme; relativ kurzer Kopf mit leichtem Stirnansatz, gerundetem Oberkopf und ausgerundeter Kehle; kurzer, nicht allzu kräftiger Schnabel; mittellanger, kräftiger, nahezu gerader oder wenig gebogener Hals; gut anliegende Flügel, nicht über das Schwanzende hinausgehend und sich nicht oder nur leicht kreuzend; relativ kurzer, gut geschlossener, mit dem Rücken eine gerade Linie bildender Schwanz; wenig sichtbare, muskulöse und gut entwickelte Schenkel; kräftige, knapp mittellange Läufe; straffes, dicht anliegendes Gefieder.

Biologische Grundlagen

Körperbau

In der praktischen Zucht beschränkt sich die Bedeutung der Kenntnisse über den Körperbau im Wesentlichen auf:

- Exterieurbeurteilung
- Geschlechtserkennung
- Altersfeststellung
- Tierbehandlung bzw. Tierbetreuung
- Beurteilen des Wohlbefindens
- Feststellen äußerlich erkennbarer Gesundheitsstörungen

Deshalb wird nachfolgend auch nur auf diese Gesichtspunkte eingegangen. Für ein eingehendes Studium der anatomischen und physiologischen Grundlagen des Gänsekörpers muss auf die spezielle veterinärmedizinische Fachliteratur verwiesen werden.

Bei der Züchtung auf die in der Musterbeschreibung der einzelnen Rasse festgelegten Ziele geht es in der Hauptsache um Form-, Farb- und Zeichnungsmerkmale. Aus diesem Grunde ist eine zutreffende Beurteilung des Exterieurs die erste Voraussetzung für den Zuchterfolg. Dies erfordert neben dem richtigen Erkennen von Merkmalsausprägungen exakte Kenntnisse über die Lage und Bezeichnung der einzelnen Körper- und Gefiederregionen. Wie aus den Abbildungen auf S. 67 ersichtlich, stimmen die dafür maßgebenden Begriffe mit den bei anderen Geflügelarten geläufigen Bezeichnungen nahezu überein.

Artspezifischen Charakter bei der Gans bzw. bei Wassergeflügel haben einige wenige Merkmale an folgenden Körperteilen:

- Schnabel: Nagel oder Bohne
- Stirn: Höcker
- Auge: Lidring
- Hals: Kehlwamme
- Brust: Kiel
- Bauch: einfache oder doppelte Wamme

Rassen lassen sich anhand dieser Merkmale unter Zuhilfenahme der Musterbeschreibung gut unterscheiden und züchterisch bearbeiten, wenngleich, wie bereits oben angeführt, ihre Differenzierung bei Gänsen weniger deutlich ist als bei anderen Geflügelarten.

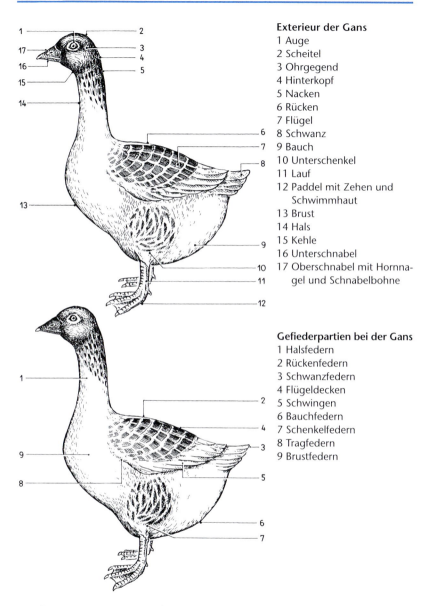

Exterieur der Gans
1 Auge
2 Scheitel
3 Ohrgegend
4 Hinterkopf
5 Nacken
6 Rücken
7 Flügel
8 Schwanz
9 Bauch
10 Unterschenkel
11 Lauf
12 Paddel mit Zehen und
   Schwimmhaut
13 Brust
14 Hals
15 Kehle
16 Unterschnabel
17 Oberschnabel mit Hornnagel und Schnabelbohne

Gefiederpartien bei der Gans
1 Halsfedern
2 Rückenfedern
3 Schwanzfedern
4 Flügeldecken
5 Schwingen
6 Bauchfedern
7 Schenkelfedern
8 Tragfedern
9 Brustfedern

Ganter weisen normalerweise einen kräftigeren Körperbau auf als Gänse. Vor allem sind der Kopf wuchtiger, der Schnabel stärker und breiter, der Hals dicker und massiver, die Beine derber und länger, die Paddel größer und kräftiger und die Körperhaltung höher und aufrechter. Das Gesamterscheinungsbild des Ganters ist, allerdings nur bei genauerem Be-

67

obachten wahrnehmbar, durch charakteristisch männliches Imponiergehabe gekennzeichnet.

Weibliche Gänse fallen in der Regel im Körperbau etwas feiner und kleinrahmiger aus als Ganter. Vor allem sind der Kopf kleiner, der Hals schlanker bzw. feiner, die Beine nicht so hoch gestellt und die Paddel feiner. In der Bauchregion neigen die weiblichen Gänse stärker zu einem Lege- oder Hängebauch als Ganter. Schließlich weisen die Beckenknochen (Legebeine) bei weiblichen Tieren einen größeren Abstand (zwei Finger breit) auf als bei männlichen (ein Finger breit), vor allem während einer Fortpflanzungsphase.

Diese Unterschiede reichen jedoch in der Regel nicht aus, um die Geschlechtszugehörigkeit sicher zu bestimmen, vornehmlich bei jungen oder in der Entwicklung zurückgebliebenen Tieren oder bei Sichtung in größeren Gruppen oder Herden. Trotzdem sollte bei der Bewertung und Auswahl von Zuchttieren diesen sekundären Geschlechtsmerkmalen mehr Beachtung geschenkt werden, da sie auch in Beziehung zur Fruchtbarkeit und geschlechtlichen Aktivität der Tiere stehen.

Eine sichere Feststellung der Geschlechtszugehörigkeit ist allein durch eine Untersuchung bzw. Inspektion der Kloake möglich. Alle Genitalien liegen in der Leibeshöhle und in der Kloake und sind somit äußerlich nicht sichtbar. Das männliche Geschlechtsorgan wird nur beim Tretakt vorgestülpt. Ziel einer Kloakenuntersuchung muss daher sein, den juvenilen oder in Ruhestellung befindlichen Penis durch Vorstülpen sichtbar zu machen, um damit das Vorhandensein oder Nichtvorhandensein eindeutig nachweisen zu können. Das männliche Glied ist ein gekrümmter, wenig geschlängelter fibröser Körper, der bauchwärts an der Innenwand der Kloake liegt. Er besitzt eine spiralig verlaufende, allerdings erst ab der 2. Fortpflanzungsperiode voll ausgeprägte Samenrinne und weist eine Länge von 3 bis 9 cm auf. Die Länge hängt vor allem vom Fortpflanzungsstadium (juvenil/adult), von der Fortpflanzungsphase (aktiv/nicht aktiv) sowie von der genetischen Veranlagung hinsichtlich Fortpflanzungspotenzial und -aktivität (hoch/niedrig) ab. Bei weiblichen Tieren ist, sachgemäßes Vorgehen vorausgesetzt, anstelle des Penis die rosettenförmige Öffnung der Vagina, das heißt die Mündung des in der Kloake endenden Eileiters, sichtbar.

Zum Zwecke der Geschlechtsfeststellung nimmt der Untersuchende am besten Sitzposition ein, legt die Gans mit dem Rücken nach unten und den Kopf auf sich gerichtet auf seine Knie und fixiert sie in seinem Schoß. Dann streift man Federn und Flaum beiseite, um die Kloake von außen freizulegen. Durch leichtes Massieren der Kloakenregion mit dem Daumen und dem Zeigefinger der rechten Hand und anschließendes seitliches Ziehen am Kloakenrand lässt sich die Kloake öffnen. Schließlich muss dann mithilfe der Finger der linken Hand ein leichter Druck vom Bauch zum Kloakenrand ausgeübt werden, um den Penis zum Vorstülpen zu bringen. Bei geschlechtsreifen und vor allem geschlechtlich aktiven

Tieren geht dies ohne größere Schwierigkeiten vor sich. Weibliche Tiere lassen sich leichter „öffnen" als männliche. Mitunter zeigt sich beim Ausstülpen nur ein wulstförmiger, verwachsener Anhang, in den der Penis eingeschlossen ist. Solche Tiere müssen wegen Zuchtuntauglichkeit ausgesondert werden.

Jungganter haben noch einen sehr kleinen Penis und lassen diesen zudem nur sehr schwer ausstülpen, sodass es leicht zu Irrtümern kommen kann. Deshalb wird zur zusätzlichen Absicherung empfohlen, neben der direkten Genitalsuche eine allgemeine Beurteilung der Kloake in Bezug auf Form, Farbe und Festigkeit mit vorzunehmen. Bei Gantern ist sie konvex (erhaben, nach außen gewölbt), fest und hell, bei Gänsen dagegen konkav (hohl, nach innen gewölbt) sowie wesentlich weicher und dunkler.

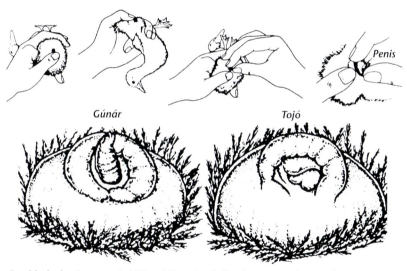

Geschlechtsbestimmung bei Gänseküken durch Kloakenuntersuchung. Oben: Freilegen der Geschlechtsöffnung, unten: Blick auf das Begattungsorgan eines männlichen und eines weiblichen Kükens (nach Bogenfürst, 1993).

Nach den gleichen Prinzipien lässt sich eine Geschlechtsfeststellung bzw. Geschlechtssortierung bereits an Eintagsküken durchführen (siehe Abbildung). Dazu wird das Gössel so in die Hände genommen, dass die Kloake bauchseitig nach innen zeigt. Dann kann man diese durch leichte Druckanwendung ausstülpen. Handelt es sich um ein männliches Tier, so wird an der Unterkante der Kloake der Penis in Form eines kleinen, spiralförmigen, nach vorn spitz verlaufenden Gebildes sichtbar. Sobald der Druck auf die Kloake nachlässt, zieht sich der Penis sofort wieder in die ihn schützende Hauttasche zurück.

Weibliche Küken weisen im Kloakenraum lediglich eine in Konturen erkennbare Rosette auf. Es handelt sich dabei um die Vagina, die Mündung des in die Kloake führenden Eileiters. Zudem befindet sich am unteren Kloakenrand eine winzige spitze Erhebung, die nicht mit dem Penis der männlichen Küken verwechselt werden darf.

Bei bestimmten Rassen bzw. Verpaarungen kann das Geschlecht schon äußerlich an der unterschiedlichen Daunenfärbung erkannt werden (siehe Kapitel „Vererbung").

Verhalten

Über das Verhalten von Gänsen ist vieles bekannt, was bei der Zucht und Haltung dieses Geflügels zu beachten ist. Wichtig sind deshalb für den Tierhalter Grundkenntnisse über Verhaltensäußerungen, Sinnesleistungen und Lernvermögen der Gänse.

Bei den Verhaltensäußerungen geht es um das Wahrnehmen und Verstehen der akustischen Signale und der Ausdrucksbewegungen bzw. Gebärden. Die Stimme der Hausgans entspricht noch völlig der ihrer jeweiligen Wildform. Im Wesentlichen umfasst sie folgende Lautäußerungen:

- Piepen der Gössel während des Schlupfvorganges und danach („Wi"-Laut)
- trillernder Schlafton der Gössel
- Lockton („Gigagag" oder „Gagagag")
- Schreck- oder Warnruf (nasales „Gang")
- Zischen als Zeichen der Erregung
- Triumphschrei (laut, trompetenartig) im Allgemeinen als Zeichen von Erfolg, Sieg und freudiger Erregung sowie bei der Balz als Ausdruck der zwischen einem Paar eingegangenen Verbindung

Vielfältiger als diese akustischen Muster sind die Ausdrucksbewegungen. Als charakteristisch und bedeutsam können gelten:

- Nachfolgereaktion der Gössel: Verfolgen des Bruttieres oder eines beweglichen Gegenstandes
- Halsvorstrecken bei Gösseln: Form der Kontaktsuche zu den Eltern oder zu gleichaltrigen Artgenossen
- Halsvorstrecken bei Jung- und Altgänsen: Ausdruck von Angriffs- oder Abwehrhaltung, häufig mit Sträuben des Gefieders und Zischen verbunden
- Schütteln des gesträubten Gefieders: als Abwendung oder Abklingen einer Angriffs- bzw. einer Gefahrensituation
- frontales Gegenübertreten und Halsvorstrecken bei gesenktem Kopf: Ausdruck von Kampfhaltung bei der Auseinandersetzung um die Rangordnung

- seitliches Halsvorstrecken und Vorbeisehen: Unterwürfigkeitsgebärde gegenüber einem ranghöheren Tier
- Hochrecken von Kopf und Hals in Verbindung mit Warnruf: Signal für Gefahr oder in Verbindung mit Triumphschrei typisches Balzritual
- senkrechtes „Nachuntenbiegen" von Kopf und Hals: Unterwürfigkeit, Vermeiden von Kampf oder Anzeichen zum Zurückweichen bzw. zur Flucht
- Einziehen von Kopf und Hals (Winkelhals): Ausdruck von Demut
- Flügelschlagen und -ausbreiten: vollzogener Tretakt
- Anheben der Flügel bei gleichzeitigem Aufrichten und Hochrecken des Körpers (Koggenhaltung): Prahl- oder Imponiergehabe gegenüber Fremden oder beim Schwimmen Ausdruck der Werbung zur Paarung auf dem Wasser
- Hochrecken des Kopfes („in den Nacken werfen") bei tief gesenktem Hals: Prahl- oder Imponiergehabe im Landauslauf
- Halsuntertauchen oder Gründeln: Beschwichtigungsgebärde, die als Werbung oder Paarungsbereitschaft gilt
- Tauchen im Wasser: Gefahrenreaktion oder Spielverhalten beim Baden
- Verkehrtschwimmen und Spieltauchen: Ausdruck des Wohlbefindens beim Baden
- Hinsetzen und Anheben der Flügelbuge unter Abgabe des Locktons: Werbegebärde der Gans auf dem Land
- Komfortbewegungen wie Aufplustern, Schütteln, Ordnen und Einfetten des Gefieders: Maßnahmen zur Trocken- und Sauberhaltung der Federn sowie zur Thermoregulation oder Beruhigungsreaktion nach starker Erregung

Anhand dieser Bewegungsmuster sollte es möglich sein, das Verhalten und Befinden eines Gänsebestandes oder eines einzelnen Tieres zu beurteilen und zu bewerten und eventuell vorhandene Störungen oder Belastungen zu beheben.

Bei Gänsen sind relativ wenige Triebhandlungen (Bereitschaft für ein bestimmtes Verhalten) direkt angeboren, die meisten müssen erst im Familienverband erlernt werden. Fehlt diese Sozialstruktur wie bei der heute stark verbreiteten künstlichen Aufzucht, kommt dem Menschen als unmittelbarem Betreuer und als Gestalter von Stall- und Umweltbedingungen eine wichtige „erzieherische" Rolle zu, um die Entwicklung der Tiere in die richtigen Bahnen zu lenken. Fehlverhalten wie Federfressen, übergroße Scheu, Paarungsdefekte usw. kann auf Fehlern im Umgang mit den Tieren beruhen.

Gänsen fällt die Aneignung bestimmter Handlungen nicht schwer. Ihnen wird eine gute Lernleistung nachgesagt. Das äußert sich beispielsweise darin, dass Gänse im Gegensatz zu Hühnern bereits nach einem Tag ohne Weiteres zu ihrem neuen Stall zurückfinden. Zudem haftet das einmal Aufgenommene sehr stark, weil sie ein gutes Erinnerungsvermögen

Bewegungsmuster der Gans und deren Überlagerung in Konfliktsituationen

Von oben links nach unten rechts: Alarmstellung; Drohen auf Distanz; Konflikt zwischen Angriff und Flucht; Verteidigung; Demutsgeste; Annäherung an den Geschlechtspartner (nach Fischer, 1965)

haben. Dies hat aber zur Folge, dass Gänse gegenüber plötzlichen Veränderungen der Umwelt empfindlich reagieren und sogar ausgesprochene Vorbehalte gegenüber allem Neuen besitzen. Damit im Zusammenhang steht auch die fast sprichwörtliche Wachsamkeit und der im Vergleich zu anderen Geflügelarten stärkere Hang zu einer gewissen Scheu.

Gelingt es, die Haltung und Betreuung darauf einzustellen, indem man auf Regelmäßigkeit und Gleichmäßigkeit achtet, können Gänse anhänglich und zutraulich werden und mit dem Tierpfleger sogar in Kommunikation treten, weil andererseits auch ein stark ausgeprägtes Streben nach Geselligkeit besteht. Ausdruck für diesen Anschlusstrieb ist beim Gössel die starke Prägungsbereitschaft.

Bereits in der älteren Literatur werden zahlreiche Beispiele von ausschließlich auf Menschen geprägten Gänsen beschrieben, die ihre Artgenossen völlig ignorieren. So weit sollte jedoch vom praktischen Züchter die Gewöhnung nicht getrieben werden, weil damit Defekte in anderen Verhaltensweisen verbunden sind und Schwierigkeiten in der Fortpflanzung auftreten können.

Der Anschlusstrieb äußert sich in einem deutlich ausgeprägten Familiensinn, der im Verlauf der Domestikation insofern eine einschneidende Änderung erfuhr, als beim Ganter der Übergang von der Monogamie zur Polygamie erfolgte. Zur Realisierung der familiären Sozialstruktur sind kleine Gruppengrößen oder bei größeren Herden ausreichend Platz notwendig. Da dies in der Praxis nicht immer berücksich-

72

Balz und Paarung

Beim Balz- und Paarungsritual spielt die Gans die aktivere Rolle. Sie animiert den Gan-
ter zur Balz und zur Paarung. Der Tretakt erfolgt sowohl auf dem Wasser als auch im
Landauslauf, es gibt jedoch rassebedingte Unterschiede. Die Ganter paaren sich in der
Regel immer nur mit denselben Gänsen. Die Paarungsbereitschaft der Gänse tritt etwa
einen Monat vor Legebeginn ein.

tigt wird, kommt es in größeren Beständen zu Leistungsdepressionen.
Technologisch gesehen bedeutet dies eine noch unzureichende Großbe-
standseignung der Gänse.

Bei natürlicher Brut und Aufzucht kommt oft noch ein starker Vertei-
digungs- und Führungstrieb der Elterntiere zum Vorschein. Dieser existiert jedoch nicht mehr bei allen Rassen. Zwischen dem 5. und 12. Tag finden bereits die Auseinandersetzungen um die soziale Rangstellung statt.
Die dabei ausgekämpfte Ordnung existiert dann so lange, wie die Tier-
gruppe in dieser Zusammensetzung bestehen bleibt.

Das individuelle Kennenlernen bzw. Erkennen erfolgt mithilfe des
gut entwickelten Gesichts- und Hörsinns. Artgenossen können bei freiem
Blickfeld auf etwa 100 Meter Entfernung ausgemacht werden. Zusammen-
liegende Maiskörner werden bis zu 8 Meter weit erkannt. Größere Einschränkungen der Sichtmöglichkeiten durch Gebäude, Hecken, Mauern
u. Ä. führen zur Beunruhigung der Tiere.

Bezüglich des Hörvermögens konnte festgestellt werden, dass die Jungen lernen, zwischen Hunderten von Gänsen zu unterscheiden, indem
sie dort die Stimme ihrer Verwandten herausfinden. Der Geruchssinn ist
wenig entwickelt.

Hinsichtlich der Farbwahrnehmung soll eine Bevorzugung von Grün vorhanden sein. Bei der Nahrungsaufnahme ist zu beachten, dass Gänse häufiger fressen als Hühner. Dies muss bei der Fütterung berücksichtigt werden. Für die Beliebtheit eines Futtermittels spielen vor allem die äußere Beschaffenheit und erst in zweiter Linie der Geschmack eine Rolle. Glatte Nahrung erhält den Vorzug vor rauer oder behaarter. Bitterer Geschmack soll auf Ablehnung stoßen, genauso wie saure und salzige Lösungen.

Von den Getreidearten ist Hafer am beliebtesten. In Verbindung mit dem Nahrungsaufnahmeverhalten steht auch die Partikelgröße der Futterstoffe. Die „beste" Größe hängt von der Schnabelgröße und von der Schlundweite ab. Ihr entspricht am besten das Korn von Hafer oder Weizen. Futterbrocken dieses Ausmaßes werden von den Gänsen sofort angenommen, auch kleinere, sofern keine besseren zur Verfügung stehen. Bei größeren müssen sie erst lernen, dass sie auch verzehrbar sind.

Immer wieder kann beobachtet werden, dass Gänse sehr gern knabbern, und zwar nicht nur aus Hunger, sondern auch zur Befriedigung eines Spiel- bzw. Beschäftigungstriebes. Stalleinrichtungen aus Holz, Hartfaserplatten u. Ä. sowie Obstbäume müssen deshalb gegen dieses Abnagen geschützt werden.

Wasser wird seltener, aber dafür reichlicher als von Enten aufgenommen. Sofern Schwimmgelegenheit nicht vorhanden ist, dient das Tränkwasser gleichzeitig zur Reinigung der Nasenlöcher und Augen. Deshalb müssen die Tränkvorrichtungen so bemessen sein, dass die Tiere ihren Schnabel ausreichend tief eintauchen können.

Federkleid

Das den Körperumriss prägende Federkleid bildet für das Geflügel den wichtigsten Kälteschutz. Zwischen den einzelnen Federn und der Haut befindet sich ein isolierendes Luftpolster. Auf diese Weise wird gewährleistet, dass die Körpertemperatur von 41 bis 42 °C konstant gehalten werden kann. Auf dem Vorhandensein des Federkleides beruht außerdem das Flugvermögen der Vögel, welches allerdings bei Hausgänsen fast völlig verloren gegangen ist.

Die Federn sind somit die wichtigsten Gebilde der Haut und weisen hinsichtlich Form und Struktur eine große Vielfalt auf. Grundsätzlich unterscheidet man folgende zwei Klassen von Federn:

- die Neoptilen als Daunenkleid der frisch geschlüpften Küken und
- die Teleoptilen, das heißt alle Federn im adulten Alter und in den das Kükengefieder ersetzenden Zwischen- und Jugendstadien.

Die Federn sind sehr unterschiedlich beschaffen. Je nach Größe, Bau, Funktion und Eigenschaft differenziert man die Teleoptilen in folgende Formen bzw. Federarten:

Aufbau Kontur- und Daunenfeder

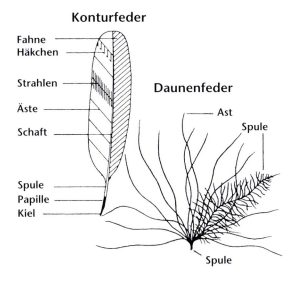

Unter Konturfedern versteht man Federn mit einem steifen Schaft sowie mit einer steifen festen Fahne, deren Nebenäste durch Hakenstrahlen eng verzahnt sind (siehe Abbildung oben). Am untersten Ende des Schaftes fehlen die Häkchen, sodass dieser Teil eine mehr daunenartige Beschaffenheit aufweist (Daunenstrahlen).

Als Deckfedern *(Tectrices)* stellen die Konturfedern die feste Außendecke und den Hauptbestandteil des Gefieders dar. Sie überdecken die als wärmendes „Pelzfutter" vorhandenen Daunen und bilden zusammen mit ihnen das sogenannte Kleingefieder. Weiterhin zählen zur Gruppe der Konturfedern die Hand- und Armschwingen *(Remiges)* der Flügel sowie

Federraine und Federfluren

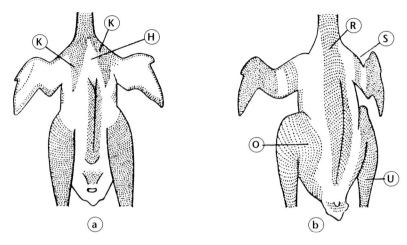

a) Körperunterseite; b) Körperoberseite; H = Halsrain K = Kropfflur R = Rückenflur
O = Oberschenkelflur U = Unterschenkelflur S = Schulterflur

die Steuerfedern *(Retrices)* des Schwanzes und verkörpern als solche das Großgefieder.

Die Daunen sind äußerst filigrane Gebilde. Als sogenannte Innendecke des Gefieders befinden sie sich direkt auf der Haut und werden nach Abnahme der Konturfedern sichtbar. Schaft und Spule sind nur minimal ausgebildet oder überhaupt nicht vorhanden. Ihre Grundstruktur wird von einem Kern bestimmt, aus dem lockere, weiche, biegsame Äste herauswachsen. Diese sind nicht mit Häkchen besetzt und daher nicht aneinander geschlossen. Sie bestehen aus stark lufthaltigen Knoten, welche durch einen Federfaden miteinander verbunden sind. Die Daunenfedern befinden sich fast ausschließlich auf der Körperunterseite, das heißt in der Unterhals-, Brust-, Bauch- und Flankenregion.

Als Halbdaunen *(Semiplumae)* werden Federn bezeichnet, die eine Stellung zwischen Konturfedern und Daunen einnehmen. Ihre Fahne besitzt in der oberen Hälfte des Schaftes Konturfedercharakter (Nebenäste mit Hakenstrahlen), während sie in der unteren Hälfte daunenartig beschaffen ist (Nebenäste ohne Hakenstrahlen). Halbdaunen sind auch dadurch charakterisiert, dass sie eine etwas kräftiger entwickelte Peripherie als die Daunen haben. Teilweise bezeichnet man bei Gänsen darüber hinaus alle Federn mit einer Länge von weniger als 120 mm, unabhängig von ihrer Morphologie, als Halbdaunen.

Fadenfedern *(Filoplumae)* sind haarige Gebilde mit einem sehr dünnen Schaft und mit kaum ausgebildeter oder fehlender Fahne. Sie kommen meistens nur am Kopf, namentlich am Schnabelgrund, vor.

Dem Leben auf dem Wasser entspricht die feste Struktur und Verzahnung des Deckgefieders als Schutz vor Durchnässung sowie das darunter liegende, bei Landvögeln nicht vorhandene Daunenkleid als Hauptisolation gegen kaltes Wasser.

Für die Gefiederpflege spielt die in der Nähe der Schwanzspitze an der Basis der Steuerfedern gelegene, etwa haselnussgroße Bürzeldrüse eine wichtige Rolle. Diese bietet mit ihrem öligen Sekret, das vom Tier täglich mithilfe des Schnabels intensiv in das Gefieder eingerieben wird, einen ergänzenden Schutz gegen Durchnässung. Auf diese Weise werden die Federn Nässe abweisend und geschmeidig gehalten, sodass das Wasser abperlt und nicht die Hautoberfläche erreichen kann. Dieser Funktionskreis bleibt nur bei regelmäßigem Körperkontakt mit Wasser, das heißt bei Vorhandensein einer Schwimm- oder Badegelegenheit, erhalten. Andernfalls werden die Federn spröde, brüchig sowie glanzlos und verlieren ihre Wasserfestigkeit. Die Tiere können sich dann nur noch mittels Schwimmbewegungen über Wasser halten.

Die Federn sind als Hautanhangsgebilde analog zum Haar bei Säugetieren Bestandteile der Haut. Sie wachsen auf sogenannten Federfluren, welche durch die dazwischen liegenden Federraine abgegrenzt sind. Die Anzahl der diesen Federfluren zugrunde liegenden Federanlagen wird durch das Erbgut bestimmt, sodass sie nach der Geburt bzw. nach dem Schlupf eine konstante Größe darstellt. Neue Federgenerationen bilden sich immer wieder aus den gleichen Anlagen heraus.

Das Federkleid einer 5 kg schweren Gans wiegt etwa 400 g und besteht aus etwa 300.000 einzelnen Federn bzw. Federanlagen. Die Bildung der Federn erfolgt in einer Papille, die im Korium (Lederhaut) liegt. Sie wird hormonell gesteuert und befindet sich am Grund des Federbalges, in welcher die Spule, der untere Teil des Kieles, steckt. Von der Papille aus ragen, den Nabel der Federspule durchdringend, eine zentrale Arterie und Vene bis in das Mark der Feder hinein. An der Papille befinden sich auch Nervenendapparate zur Motorik des Gefieders. Im Vergleich zum Säugetier weist die Haut des Geflügels eine geringere Innervierung auf, sodass die Sensibilität bzw. das Schmerzempfinden sehr schwach ausgeprägt ist. Aus dem Follikel entwickeln sich dann die Federn, und zwar in unterschiedlicher Weise, je nachdem, ob es sich um Erstlingsdaunen oder Konturfedern handelt. Auf Lebenszeit bleiben am Grund des Follikels Keimzellen erhalten, die jeweils für die Bildung der Ersatzfedern beim Federwechsel sorgen.

Wachsen der Federn des Juvenilkleides

77

Die Federn der Gänse, insbesondere ihrer Daunen, bilden seit Jahrhunderten unübertroffen das hochwertigste und beste Naturprodukt für eine leichte, körperfreundliche, kälteisolierende Fülle von Betten, Kissen und Winterbekleidung. Näheres über ihre wirtschaftliche Bedeutung und Nutzung finden Sie im Kapitel „Gewinnung von Federn".

Mauser

Die Erneuerung des Gefieders kann sich allmählich oder schlagartig vollziehen. Im letzteren Fall spricht man von Mauser. Sie wird durch die Ausschüttung von Schilddrüsenhormonen gesteuert und dient der Erneuerung des abgenutzten und unansehnlich gewordenen Federkleides.

Der Federwechsel wird durch eine Unterbrechung der Blutzufuhr zwischen Papille und Spule eingeleitet. Die Folge davon ist, dass das Federmark eintrocknet und anstelle der rötlichen Färbung eine helle Farbe annimmt. Es erfolgt eine starke Hornproduktion der Oberhaut im Bereich des Nabels und die Verbindung zwischen Federbalg und Spule geht verloren. Man bezeichnet diesen Vorgang als Federreifung. Die Feder wird schließlich durch Proliferation (eine von der neuen Federanlage ausgelöste Zellwucherung in der die Lederhauptpapille bedeckenden Epidermiszellschicht) abgestoßen. Dieser Mechanismus ähnelt dem Herausstoßen eines Milchzahnes durch den bleibenden Zahn bei Säugetieren.

Dieser Vorgang ist sehr deutlich beim Wechsel vom Daunen- zum Juvenilgefieder zu verfolgen, in dem die Erstlingsdaunen noch ein bis zwei Wochen der neuen Federgeneration aufsitzen. Beim Wechsel von Konturfedern besteht diese zeitweilige Verbindung nicht, sodass die alte Federgeneration sofort aus dem Federbalg herausfällt.

Auf diesem biologischen Vorgang der Reifung und des Wechsels von Federn fußt das Lebendraufen, denn es wird jeweils zum Zeitpunkt einer Mauser vorgenommen. Dann ist eine neue Generation von Federn he-

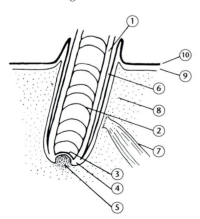

Reifen der Federfollikel

1 Spule
2 Markkappe
3 Kappe aus lebenden epidermalen Zeilen im unteren Nabel
4 Epidermalkragen
5 Lederhautpapille
6 Follikelhöhle
7 Federmuskel
8 Lederhaut *(Corium)*
9 Oberhaut *(Epidermis)* mit lebenden Zellen
10 verhornte Zellen der Oberhaut

rangereift, sodass die alte bald vom Tierkörper abgestoßen wird. Das Lebendraufen erfolgt mit dem Ziel, wertvolle Federn vom Tier abzunehmen bzw. zu ernten, bevor sie ausfallen und verloren gehen. Die Natur sorgt also mithilfe des Mauservorganges selbst für das Abstoßen des alten Gefieders und die Gänse unterstützen dies durch Beknabbern und Ausreißen reifer Federn. Zum Zeitpunkt einer Mauser steckt die Spule der Feder sehr locker im Federbalg, weil die Nährstoffversorgung hormonal bedingt unterbrochen ist. Daraus ergibt sich die Möglichkeit, der Gans ohne Schmerzen und bar jeglicher Hautverletzung die reifen Federn zu raufen und als wertvollen Rohstoff zu nutzen.

Die Mauser setzt bei Junggänsen erstmals im Alter von acht bis elf Wochen ein und wiederholt sich etwa im Abstand von 42 bis 44 Tagen. Gewechselt wird dabei allerdings jeweils nur das Kleingefieder (Deckfedern und Daunen). Bei adulten Gänsen ist die Mauser eng an den Fortpflanzungsrhythmus gebunden. Jeweils am Ende einer Reproduktionsperiode tritt mit Einsetzen der Fortpflanzungsruhe eine Vollmauser ein, bei der schrittweise das gesamte Federkleid gewechselt wird. Der Zeitpunkt dafür liegt bei einzyklischer Bruteiproduktion, das heißt bei einem Legezyklus pro Jahr, im Sommer. Bis zum Spätherbst kommt es dann auch hier jeweils im Abstand von 42 bis 44 Tagen zu einem Wechsel des Kleingefieders.

Während eines Federwechsels, besonders während einer Vollmauser, liegen ein höherer Bedarf an Nähr- und Wirkstoffen sowie eine erhöhte Krankheitsanfälligkeit vor.

Fangen, Halten und Tragen

Der Körperbau der Gans spielt schließlich auch für das richtige Fangen, Halten und Tragen eine Rolle. Die Gänse sollten aus einer Herde nicht wie bei Hühnern an den Beinen eingefangen werden, sondern am Hals. Im Verhältnis zur Körpergröße sind die Beine recht schwach gebaut. Man bedient sich dazu am besten eines längeren Stockes mit Haken oder eines Fanghakens. Für kurze Zeit ist es möglich, die Gänse ebenfalls am Hals zu tragen, wobei zu beachten ist, dass die Luftröhre nicht zugedrückt wird.

Zuträglicher ist es jedoch für die Tiere, wenn sie am Rumpf angefasst werden. Dazu legt man einen Arm über die Schultern rund um den Körper und hält mit der Hand die Füße fest. So hat der Betreuer das Tier gut im Griff, ein Flügelschlagen ist nicht möglich. Mit der anderen Hand wird schließlich der Hals des Tieres umfasst, um ein Zubeißen zu verhindern. Beim Freilassen wird die Gans zunächst mit den Beinen schonend und direkt auf den Boden gesetzt und zuletzt der Hals losgelassen. Keinesfalls darf man Gänse, und sei es aus noch so geringer Höhe, auf den Boden werfen oder fallen lassen. Das bereitet den Tieren große Schmerzen und kann zur Lahmheit führen.

Vererbung und Zucht

Die Kenntnis der Erbanlagen sowie des Vorganges ihrer Übertragung von den Eltern auf die Nachkommen ist die Voraussetzung für eine planmäßige Zuchtarbeit. Da aber die Merkmalsausprägung der einzelnen Individuen – auch die sehr nahe verwandter – unterschiedlich ausfallen kann, ist die Bestimmung dieser Zusammenhänge nicht ohne Weiteres möglich. Ursachen dieser Variabilität sind im Wesentlichen den Genneukombinationen als erblich bedingter und die Modifikation als umweltbedingter Anteil. Hinzu kommt noch die Mutation, eine spontane ungerichtete und plötzliche Veränderung eines Merkmals, die ebenfalls vererbt wird, aber bei Gänsen bis auf Locken- oder Haubenbildung kaum eine Rolle spielt.

Die Übertragung der Erbanlagen von einer Generation auf die andere erfolgt hauptsächlich durch die sich im Kern der Zelle befindlichen Chromosomen. Es werden aber auch dem Zellplasma bestimmte Funktionen zugeschrieben. Die Gans besitzt 41 Chromosomenpaare, wovon eines Träger der Geschlechtsvererbung ist. Das Geschlechtschromosomenpaar unterscheidet sich von den übrigen durch seine ungleiche Zusammensetzung im weiblichen Geschlecht.

Kleinste Träger der Erbanlagen sind die Gene, die auf den Chromosomen kettenartig aufgereiht sind und genau wie diese paarweise vorkommen. Sich entsprechende Gene werden als Allele bezeichnet. Sämtliche Anlagen, die in den Genen eines Chromosoms liegen, werden gemeinsam vererbt, da vor der Reifung der Eizelle und der Samenzelle eine Reduktionsteilung erfolgt, bei der die Paarlinge getrennt werden. Im Ergebnis der Befruchtung kommt es zur Verschmelzung von Ei- und Samenzelle, wobei der normale Chromosomensatz wiederhergestellt wird. Die in einem Chromosom verankerten Anlagen bezeichnet man aufgrund dieser gemeinsamen Bindung als Kopplungsgruppe. Über Aufbau und Zusammensetzung derselben ist bei Gänsen mit Ausnahme des Geschlechtschromosoms noch wenig bekannt.

Vererbung qualitativer Merkmale

Qualitative Merkmale sind im Wesentlichen morphologische Merkmale. Dazu zählen bei der Gans Schnabelform, Höckerbildung, Farbe von Schnabel, Schnabelbohne, Augen, Lidring und Läufe sowie Gefiederzeichnung und -farbe, Lockenbildung, Haubenbildung und Geschlecht. Dies bedeutet im Vergleich zu anderen Geflügelarten, vor allem zu Hühnern und Tauben, eine recht geringe Vielfalt. Wie generell beim Geflügel gehören schließlich noch die Letal- und Semiletalfaktoren, die Sterblichkeit und Missbildungen verursachen, in diese Kategorie.

80

Die qualitativen Merkmale sind durch sogenannte Hauptgene bedingt, die eine sehr hohe Umweltstabilität aufweisen. Typische Rassemerkmale, wie Gefiederfarbe, Höckerbildung, Augenfarbe usw., unterliegen daher keinerlei Veränderungen durch äußere Einflüsse. Ein weiteres Charakteristikum bei der Vererbung qualitativer Merkmale ist, dass relativ wenig Gene daran beteiligt sind und der Erbgang den mendelschen Regeln folgt.

Vererbung des Geschlechts

Da die weibliche Gans heterogametisch ist, entstehen bei der Reduktionsteilung zwei verschiedene Sorten von Eizellen, und zwar solche mit Z-Chromosom und solche mit W-Chromosom. Der Ganter bildet einheitliche Samenzellen, die durchweg ein Z-Chromosom enthalten. Somit ist das weibliche Tier der geschlechtsbestimmende Partner. Für die männlichen und weiblichen Gameten ergeben sich bei der Befruchtung folgende Kombinationsmöglichkeiten:

Das Spermium kann demnach auf eine Eizelle ohne oder mit Z-Chromosom treffen. Im ersten Fall schlüpft daraus ein weibliches und im zweiten ein männliches Küken. Da die Möglichkeiten des Zusammentreffens entsprechend dem Zufallsprinzip 50 : 50 betragen, kommt bei der Nachzucht im Durchschnitt gesehen immer wieder ein Geschlechtsverhältnis von 1 : 1 zustande.

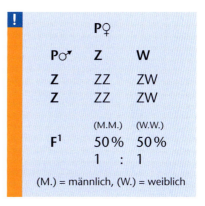

$P\female$		
$P\male$	Z	W
Z	ZZ	ZW
Z	ZZ	ZW
	(M.M.)	(W.W.)
F^1	50%	50%
	1 :	1

(M.) = männlich, (W.) = weiblich

Geschlechtsgebundene Vererbung

Unter geschlechtsgebundener Vererbung ist die Übertragung von Merkmalen zu verstehen, die an das Geschlechtschromosom gebunden sind. Ein immer wieder interessantes Phänomen dieses Erbgangs ist die Autosexualität, das heißt die Unterscheidung von männlichen und weiblichen Eintagsküken durch Farbe oder Wachstum der Daunen.

Bei Gänsen ist bisher nur das dominante Gen Sd als Faktor für geschlechtsgebundene Farbaufhellung bekannt sowie sein rezessives Allel sd, das eine intensive Pigmentierung des Gefieders bewirkt. Letzteres ist homozygot in den grauen Rassen anzutreffen. Träger des dominanten Sd sind die weißen Höckergänse. Daher führt eine Verpaarung von weiblichen weißen Höckergänsen mit männlichen grauen zu geschlechtskenntlichen Küken. Die männlichen Nachkommen haben hinsichtlich der Federpigmentierung die Erbformel sd Sd verbunden mit hellgrauer Daunenfärbung, die weiblichen Tiere die Struktur Sd – mit dunklerer Daunenfärbung. Auch der Schnabel ist bei den Gänseküken dunkler pigmentiert als bei den Ganterküken.

Die Emdener Gänse stellen gewissermaßen eine Kennrasse dar, da sie neben dem Faktor Sd „Farbaufhellung" das autosomale Gen C „Ausfärbung" besitzt, die beide in ihrer Ausprägung durch den ebenfalls autosomalen Scheckungsfaktor sp geschwächt werden. Die Erbformel lautet:

- Ganter: C C Sd Sd sp sp
- Gans: C C Sd – sp sp

Die im männlichen Geschlecht in doppelter Dosis vorhandene Pigmentverdünnung (Sd sd) bewirkt, dass bei den männlichen Gösseln die Graufleckung von Kopf, Nacken, Rücken und Schulter heller ausfällt als bei den weiblichen (Sd –).

Die Kennfarbigkeit kommt allerdings nur bei den Gösseln zum Vorschein. Im Erwachsenenalter wird sie dann infolge der oben angeführten Gen-Inertaktionen im Phänotyp unterdrückt, sodass sowohl Ganter als auch Gänse weißes Gefieder tragen. Bei den Emdenern handelt es sich somit nur partiell um eine Kennrasse.

Eine ähnliche genetische Konstellation konnte Stasko für die in der ehemaligen CSSR gezüchtete Linie GL – Iv – f feststellen. Rjabokon und Bondarenko analysierten diesbezüglich die Rasse Rheinische Gans. Sie differenzierten die Nachkommen in drei verschiedene Phänotypen.

Geschlechtssortierung von Eintagsküken der Rasse Rheinische Gans nach dem Phänotyp (nach Rjabokon und Bondarenko)

Phänotyp	Prozentualer Anteil	
	männlich	weiblich
I: Kopf und Rücken gelb	100,0	–
II: Kopf gelb, Rücken grau	80,4	19,6
III: Kopf und Rücken graugrün	30,5	69,5

Eine exakte Geschlechtserkennung wird somit nur bei Küken mit durchweg gelbem Flaum erreicht. Es handelt sich dabei ausschließlich um männliche Tiere. Deren Anteil nahm von Stufe II zu Stufe III stark ab, während der Gänseanteil parallel dazu anstieg. Die Sortiergenauigkeit war bei den Mischtypen noch nicht ausreichend. Deshalb beabsichtigen diese Forscher, ein 100%iges Autosexing durch wiederholte Verpaarung von Gantern des Phänotyps I mit Gänsen des Phänotyps III herauszuzüchten.

Eine charakteristische Kennrasse unter den Gänsen stellt die Pilgrimgans dar, denn nur bei ihr sind die geschlechtsgebundenen Unterschiede im Gefieder generell, das heißt unabhängig vom Alter, ausgeprägt. Ihre Erbformel lautet:

- Ganter: CC SdSd SpSp
- Gans: CC Sd – SpSp

Da der Faktor Pigmentverdünnung Sd geschlechtsgebunden im Erbgut bei männlichen Tieren doppelt und bei weiblichen nur einfach vorkommt, entsteht Kennfarbigkeit. Die Ganter weisen ein nahezu weißes und die Gänse ein hellgraues Gefieder auf (näheres siehe S. 59).

Farbvererbung

Zwischen der geschlechtsgebundenen Vererbung und der eigentlichen Farbvererbung ergeben sich enge Beziehungen. Zum besseren Verständnis nachfolgend eine kurze Übersicht über die dabei wirksamen Gene:

> **!**
> **C** = Farbstoffbildung
> **c** = Farbstoffverhinderung (rezessives Weiß)
> **Sp** = volle Ausfärbung
> **sp** = Verhinderung der vollen Ausfärbung (Scheckungsfaktor)
> **Wb** = weißer Brustfleck
> **wb** = Brustfleckverstärkung
> **Ns** = Aalstrich
> **ns** = Aalstrichverstärkung
> **Sd** = Pigmentverdünnung
> **sd** = Pigmentverstärkung
> **G** = Wild-Typ Grau
> **g** = Buff, Chamois, Lederbraun oder Lederfarben

Bis auf den Faktor Sd sd, der an das Geschlechtschromosom gebunden ist, werden alle anderen Gene autosomal vererbt. Die grauen Gänserassen tragen die Gene für Farbstoffbildung, volle Ausfärbung und intensive Pigmentierung. Die Erbformel lautet demzufolge:

- Ganter: C C sd sd Sp Sp
- Gans: C C sd – Sp Sp

Die weißen Höckergänse sind Träger des Gens für Farbverhinderung, sodass die davon verdeckten Faktoren Aalstrich und weißer Brustfleck nicht zur Geltung kommen. Des Weiteren besitzen sie die geschlechtsgebundenen Faktoren für Farbverdünnung. Die Erbformel lautet:

- Ganter: c c NS NS Wb Wb Sd Sd
- Gans: c c NS NS Wb Wb Sd –

83

Die Emdener Gänse tragen neben den Faktoren für Farbstoffbildung und Farbstoffverdünnung den für Scheckung, der die Farbgebung einschränkt und die Pigmentaufhellung fördert. Da diese Gene mit zunehmendem Alter in ihrer Wirkung stärker werden, erhalten die Emdener Gänse im Zuge ihrer Entwicklung allmählich ein rein weißes Federkleid. Aalstrich und weißer Brustfleck sind in dieser Rasse nicht enthalten. Daraus ergibt sich folgende Erbformel:

- Ganter: C C Sd Sd sp sp ns ns wb wb
- Gans: C C Sd – sp sp ns ns wb wb

Die gescheckten Gänserassen haben nicht den dominanten Verdünnungsfaktor, dafür aber den rezessiven Faktor für Pigmentierung, sodass sich die partiell vorhandenen grauen Federpartien, die durch den Scheckungsfaktor hervorgerufen werden, ausbilden können. Die Erbformel lautet:

- Ganter: C C sp sp sd sd
- Gans: C C sp sp sd –

Vererbung quantitativer Merkmale

Als quantifizierbare Merkmale werden sämtliche wichtigen Nutzeigenschaften der Gänse bezeichnet. Hierzu zählen:

- Eizahl und deren Teilkomponenten wie Legebeginn, Legeintensität, Legepersistenz und Legedauer
- Eiqualitätskriterien wie Gewicht, Form und Schalenbeschaffenheit
- Schlupffähigkeit
- Wachstumsintensität
- Futteraufwand
- Körperform und Fleischansatz
- Fleischqualität
- Vitalität
- Befiederung

Abweichend von den qualitativen Merkmalen sind an der Ausprägung der quantitativen recht viele und an sehr verschiedenen Genorten liegende Allele beteiligt, wodurch sich das Vererbungsgeschehen noch komplizierter gestaltet. Hinzu kommt, dass quantitative Merkmale generell, wenn auch in unterschiedlichem Grad, durch Umweltfaktoren beeinflusst werden.

Da eine wirksame Züchtung nur bei Kenntnis des erblich bedingten Leistungsvermögens möglich ist, muss dies vor der Selektion ermittelt werden. Die Bestimmung der Vererbung erfolgt durch Berechnung des Erblichkeitsgrades (Heritabilität = h^2), was mithilfe populationsgenetischer Methoden möglich ist. Der h^2-Wert gibt an, welcher Anteil einer angenommenen Gesamtvarianz von 1,0 oder 100 % eines Merkmals auf Vererbung beruht. Nähert sich $h^2 = 1,0$, liegt ein hoher Erblichkeitsgrad und ein geringer Umwelteinfluss für das betreffende Merkmal vor. Bei kleinem h^2 sind diese Beziehungen gerade umgekehrt, das heißt, die Ausprägung des jeweiligen Merkmals geht in einem geringen Grad auf die Vererbung und in einem hohen auf äußere Einwirkungen zurück. Erblichkeitsgrade sind bisher bei Gänsen erst wenig unersucht.

Mittlere Erblichkeitsgrade verschiedener Leistungsmerkmale bei Gänsen

Merkmal		h^2
Eizahl		0,25-0,35
Eigewicht		0,40-0,50
Legeintensität		0,10-0,25
Befruchtung		0,05-0,15
Schlupffähigkeit		0,04-0,20
Körpergewicht	12. Lebensmonat	0,41-0,77
	4. Lebensmonat	0,41-0,50
	2. Lebensmonat	0,30-0,50
Brustauflagendicke		0,30-0,45
Brustfleischanteil		0,25-0,35

Diese Werte in der Tabelle zeigen, dass Fruchtbarkeitseigenschaften wie Befruchtung und Schlupf einerseits sowie Legeintensität und Eizahl andererseits einen niedrigen, aber nicht reproduktive Eigenschaften wie Eigröße und Körpergröße einen relativ hohen h^2-Wert haben. Die Höhe des Erblichkeitsgrads gibt dem Züchter wichtige Anhaltspunkte für die Wahl der entsprechenden Selektions- und Zuchtmethoden.

Selektionsmethoden und -erfolg

Aufgabe der Selektion ist es, eine möglichst genaue Auswahl der Zuchttiere mit höchster Leistungsveranlagung zu sichern. In Abhängigkeit vom Erblichkeitsgrad ergeben sich folgende Wege:

- h^2 = hoch: Massenselektion, das heißt Auslese nach Eigenleistung ohne Berücksichtigung der Abstammung
- h^2 = mittel: Individualselektion, das heißt Auslese nach Eigenleistung unter Berücksichtigung der Abstammung
- h^2 = niedrig: Familienselektion, das heißt Selektion nach Eigenleistung und Leistung der Geschwister oder Selektion aufgrund der Leistung der Nachkommen eines Zuchttieres

Für geschlechtsbegrenzte Merkmale wie Eizahl, Eigewicht und Schlupf ist beim anderen Geschlecht generell nur eine Selektion nach Geschwister- oder Nachkommenleistung möglich.

Die einfachste Selektionsmethode mit dem geringsten Aufwand ist zweifelsohne die Massenselektion, denn sie setzt keine Kenntnis der individuellen Abstammung und damit auch keinen Stammbaum- bzw. Einzelschlupf voraus. Eine exakte Erkennung der erblichen Veranlagung ist auf diesem Wege jedoch nur bei den Form-, Befiederungs- und Farbmerkmalen möglich, die ein h^2 nahe 1,0 haben, sowie annähernd beim Körpergewicht. Der Erbwert für Legeleistung, Befruchtung, Schlupf und Vitalität ist auf diesem Weg nur mit einer Sicherheit von 20 % erkennbar, sodass eine Zucht mit nach dieser Methode ausgewählten Tieren dann keinen Leistungsfortschritt bringt.

Selbst für die Merkmale mit mittlerem Erblichkeitsgrad, wie Eigewicht und 8-Wochen-Gewicht, gibt die Massenselektion eine zu ungenaue Information. In diesem Falle gilt es daher, zumindest noch die entsprechenden Elternleistungen zu berücksichtigen. Daraus ergibt sich, dass hier ein individueller Schlupf und die damit verbundene Kennzeichnung und Dokumentation unumgänglich sind. Diese Voraussetzung gilt noch mehr für die Zuchtwertschätzung der im Erblichkeitsgrad niedrig liegenden Fruchtbarkeitsmerkmale. Die Leistungen der Vorfahren bieten hier eine ungenaue Information, weshalb eine Geschwister- oder Nachkommenprüfung notwendig ist. Die Anzahl der Geschwister bzw. Nachkommen muss ausreichend groß sein. Sie sollten außerdem unter vergleichbaren Umweltbedingungen aufwachsen und legen. Als Richtwert können die innerhalb eines Zeitraums von acht Wochen geschlüpften Nachkommen gelten.

Wichtig für eine exakte Zuchtwertschätzung ist schließlich die Durchführung der Leistungskontrollen. Von Merkmalen mit niedrigem Erblichkeitsgrad müssen möglichst viele und auf individueller Basis ermittelte Leistungsdaten vorliegen, weil wegen der hohen Umweltbeeinflussung eine niedrige Wiederholbarkeit gegeben ist. Stamm-, Gruppen- oder Familiendurchschnitt sind nur bei höherem h^2 als Informationsquelle verwertbar.

Der Erfolg der Selektion beruht nicht nur auf dem h^2-Wert und der genauen Schätzung des Zuchtwertes, sondern in entscheidendem Maße auch auf der Selektionsdifferenz und dem im Zuchtbestand angewendeten Generationsintervall. Es gilt die Formel:

$$\text{Selektionserfolg} = \frac{\text{Erblichkeitsgrad x Selektionsdifferenz}}{\text{Generationsintervall}}$$

Dabei ist jedoch nur ein Merkmal berücksichtigt. Unterliegen der Selektion mehrere Merkmale, was in der Züchtungspraxis stets der Fall ist, verringert sich der Selektionserfolg bei Hinzunahme jedes weiteren Merkmals folgendermaßen, sofern diese genetisch unabhängig voneinander sind:

Anzahl der Merkmale	1	2	3	4	5
Selektionserfolg relativ	100	71	58	50	44

Bei der Wahl der in die Selektion einzubeziehenden Merkmale ist daher ein sehr strenger Maßstab anzulegen, damit deren Anzahl tatsächlich auf ein Minimum beschränkt bleibt.

Größte Aufmerksamkeit hat der Züchter weiterhin der Selektionsdifferenz zu schenken. Darunter ist der Leistungsunterschied zwischen den unselektierten und den für die Zucht ausgewählten Nachkommen eines Stammes zu verstehen. Der folgende Zahlenvergleich bietet ein Beispiel für die Errechnung:

	Anzahl der Tiere	Mittlere Legeleistung (Eier pro Gans)
Stammnachkommen	25	65
daraus ausgewählte Stammanwärter	5	70
Selektionsdifferenz	–	5

Ziel muss es sein, eine möglichst große Selektionsdifferenz zu haben. Deshalb ist auch aus dieser Sicht für eine ausreichende Nachkommenschaft zu sorgen, denn sie bildet die Voraussetzung für eine breite Selektionsbasis und eine scharfe Selektion. Bei Gänsen sind diese Möglichkeiten infolge der vergleichsweise niedrigen Reproduktionsrate erheblich eingeschränkt. Als Norm können fünf legereife Töchter/Stammtiere gelten, die innerhalb eines Zeitraumes von acht Wochen geschlüpft sind. Da davon wieder ein Tier für die neue Stammgeneration benötigt wird, beträgt dann die Selektionsrate 20 %. Jede Einschränkung der Nachkommenzahl führt zur Erhöhung der Selektionsrate und zu einer Verringerung der Selektionsdifferenz. Dies zeigt folgende Modellrechnung:

Anzahl der weiblichen Nachkommen	5	4	3	2
Selektionsrate (%)	20	25	33	50
Selektionsdifferenz (Eier pro Gans)	5,0	4,5	4,0	3,0

Schließlich ist das Generationsintervall zu beachten. Obwohl Zuchtgänse als sehr langlebig und vor allem über mehrere Jahre hinweg als leistungsfähig gelten, muss eine möglichst kurze Generationsfolge in der Zucht angestrebt werden. Erfolgt die Selektion auf der Grundlage des 1. Legejahres, ergibt sich ein zweijähriges Generationsintervall, das auf folgenden Entwicklungs- und Leistungsphasen beruht:

87

1 Monat	Brutdauer
11 Monate	Entwicklung vom Schlupf bis zu Beginn der Vorkontrolle, das heißt Prüfung auf Eizahl im 1. Legejahr
5 Monate	Legetätigkeit im 1. Jahr (Vorkontrolle)
7 Monate	Legeruhe bis Beginn der Stammhaltung im 2. Legejahr
24 Monate	

Selektionsmerkmale

Eizahl

Wie Leistungsanalysen in den letzten Jahren ergaben, hängt die Höhe der Legeleistung maßgeblich von den Teilkomponenten Legebeginn, Legeende, Legedauer und Legeintensität ab. Das beweisen einerseits die günstigen Korrelationen zwischen diesen Merkmalen (siehe folgende Tabelle), zum anderen die absoluten Leistungsparameter selbst.

Korrelationen zwischen verschiedenen Leistungsmerkmalen bei Gänsen

Merkmal 1	Merkmal 2	r[1]
Legebeginn	Eizahl	-0,47
Legeende	Eizahl	+0,53
Legedauer	Eizahl	+0,74
Legeintensität	Eizahl	+0,56
Serienlänge	Eizahl	-0,17
Legebeginn	Legedauer	-0,73
Legeende	Legedauer	+0,69
Serienlänge	Legeintensität	+0,23
Eizahl	Eigewicht	+0,21
Eizahl	Befruchtung	+0,01
Eizahl	Schlupf	-0,38
Legeleistung 1. Jahr	Legeleistung 2. Jahr	+0,19
Legeintensität 1. Jahr	Legeintensität 2. Jahr	+0,16
Eigewicht 1. Jahr	Eigewicht 2. Jahr	+0,36

[1]Der Korrelationskoeffizient (r) ist der zahlenmäßige Ausdruck für die Beziehung zwischen zwei Merkmalen und kann Werte zwischen +1 und –1 annehmen, je nachdem, ob die Beziehung positiv oder negativ ist. Werte um 0 bedeuten keine Beziehung zwischen den Merkmalen, um 1 eine sehr enge Beziehung.

Da früher Legebeginn und Eizahl positiv korrelieren, sollen die Gänse möglichst früh mit dem Legen einsetzen. Dabei darf allerdings die physiologische Reife, die in erster Linie von Alter und Körpergröße abhängt, nicht unterschritten werden. Für spätreife Rassen ist ein Mindestalter von zehn und für frühreife von neun Monaten zu fordern. Wird diese Grenze nicht eingehalten, so legen die Gänse im ersten Jahr sehr viele kleine Eier und zeigen darüber hinaus ein geringes Durchhaltevermögen. Diese Folgen zeigen sich besonders drastisch bei Spätschlupfgänsen, die unter natürlichen Lichtbedingungen aufgewachsen sind und daher viel zu früh mit dem Legen beginnen.

Noch stärkeren Einfluss auf die Höhe der Eizahl hat das Ende der Legeperiode. Aus dem in der nächsten Tabelle dargestellten Rassevergleich ist ersichtlich, dass ein langes Durchhaltevermögen zu einer höheren Eizahl führt. So hatte im 1. Legejahr die Italienische Gans als Rasse mit der höchsten Eizahl die längste und die Legegans als Rasse mit der niedrigsten Eizahl die kürzeste Legeperiode. Auch im 2. Legejahr war diese Beziehung vorhanden. Der Hauptweg zur Verbesserung des Durchhaltevermögens ist in einer optimalen Umweltgestaltung zu sehen, weil das h^2 mit 0,2 sehr niedrig liegt. Wichtige Maßnahmen dafür sind ausgewogene Fütterung, Vermeiden von Stress und Einhalten des optimalen Legebeginns. Ungeachtet dessen sollte jedoch diese Eigenschaft auch bei züchterisch selektiven Entscheidungen nicht gänzlich vernachlässigt werden.

Legeleistungskomponenten bei unterschiedlicher Eizahl pro Gans

Merkmal	Jahr	Deutsche Legegans	Tschechische Gans	Italienische Gans	Legelinie
Eizahl (Stück/Gans)	1.	30,4	40,9	50,1	75,1
	2.	55,2	46,4	47,6	66,2
Legebeginn (Datum)	1.	28.2.	25.2.	20.2.	1.2.
	2.	16.2	23.2.	15.2.	15.2.
Legeende (Datum)	1.	14.6.	27.6.	19.7.	30.7.
	2.	2.7.	4.7.	11.7.	4.8.
Legedauer (Tage)	1.	106	122	148	170
	2.	136	131	146	184
Legeintensität (%)	1.	29	34	34	44,1
	2.	41	35	33	35,7
Serienlänge (Tage)	1.	1,26	1,21	1,15	1,51
	2.	1,22	1,17	1,14	1,46

Aus dem Beginn und dem Ende der Legeperiode ergibt sich die Legedauer, die die engste Beziehung zur Legeleistung aufweist. So besitzen die Italienischen Gänse mit 148 Tagen im ersten Jahr die längste Legedauer. Spitzentiere, die im Rahmen unseres an der Universität Leipzig entwickelten Zuchtprogramms herausgezüchtet wurden, bringen es auf 100 bis 110 Eier in 210 bis 230 Tagen. Auch im 2. Jahr nimmt diese Rasse noch eine Spitzenposition ein, obwohl hier bereits ein geringfügiger Rückgang zu verzeichnen ist. Bei den Böhmischen Gänsen und besonders bei den Legegänsen tritt hingegen in diesem Alter eine leichte Verlängerung **89**

der Legeperiode ein. Gut legende Gänse haben demzufolge eine Legedauer von mindestens 140 Tagen. Die im Kapitel „Haltung der Zuchtgänse" dargelegten Modelle einer mehrzyklischen Eiproduktion sind Beispiele für eine Leistungssteigerung durch Legezeitverlängerung.

Die Legeintensität oder Legerate drückt die in einer bestimmten Zeit-
einheit gelegten Eier als Relativwerte aus. Sie errechnet sich nach der Formel

$$\frac{\text{Eizahl} \times 100}{\text{Legetage}}$$

und kann sich auf verschiedene Zeiträume, auf Einzeltiere oder Herden beziehen. Die Legeintensität ist bei Gänsen noch sehr niedrig. So erreichten die geprüften Rassen eine mittlere prozentuale Legeleistung von
31 % im 1. und von 34 % im 2. Jahr, die oben angeführten Spitzentiere
kommen auf 50 % und moderne Elterntierhybriden auf 55 % im Mittel
der gesamten Legeperiode.

Die Differenzierung zwischen den Rassen ist aber deutlich niedriger als
bei der Legedauer.

Eng in Verbindung mit der Intensität steht die Länge bzw. Größe
der Legeserien. Die serienmäßige Eiablage ist bei Gänsen fast noch gar
nicht ausgeprägt. Dies sei an einem Monatslegemuster fünf verschiedener
Gänse verdeutlicht.

Verlauf des Eieranfalls und der Legepausen während eines Monats

Kalendertag	Gans Nr.				
	1	2	3	4	5
1.	1	1	1	1	1
2.	0	0	0	0	0
3.	1	1	1	1	1
4.	0	0	0	0	1
5.	1	0	0	1	0
6.	0	1	0	0	1
7.	1	0	0	0	0
8.	0	1	0	1	0
9.	0	0	0	1	1
10.	1	0	1	0	0
11.	0	1	0	1	0
12.	0	1	1	0	1
13.	1	0	0	1	0
14.	0	1	1	0	0
15.	1	0	0	1	0
16.	0	1	1	0	0

Kalendertag	Gans Nr.				
	1	2	3	4	5
17.	1	0	1	1	1
18.	0	1	0	1	1
19.	1	0	1	0	0
20.	0	1	0	1	1
21.	1	0	1	0	0
22.	0	1	1	0	1
23.	1	0	0	0	0
24.	1	1	1	1	1
25.	0	0	0	0	1
26.	1	1	1	1	0
27.	0	0	1	0	1
28.	1	1	0	1	1
29.	1	0	1	0	0
30.	0	1	1	1	1
31.	1	0	0	1	1
Eier pro Gans	16	15	15	16	16
Serienlänge im Mittel	1,14	1,07	1,36	1,23	1,45
Pausenlänge im Mittel	1,15	1,23	1,45	1,45	1,50

Zunächst wird sichtbar, dass die Legefolge 1-0-1-0- ..., das heißt, einen Tag legen, einen Tag Pause, dominiert. Sie ist aber durchaus nicht charakteristisch für alle Tiere und Legeabschnitte. Stärkere Abweichungen zeigen die Gänse 3 und 5, die mehrere Legeserien mit zwei Eiern hatten. Dafür sind allerdings die Pausen zwischen den Serien größer. Längere Serien sind also meistens auch mit größeren Pausen verbunden. So weist die Gans 5 mit einer durchschnittlichen Serienlänge von 1,45 eine Legepause von 1,50 Tagen und die Gans 1 Werte von 1,14 und 1,15 auf. Bei genetischen Analysen, in die 240 weibliche Gänse einbezogen waren, ergab sich ein ähnliches Bild. Dort bestanden 1,9 % der Serien aus drei Eiern, 21,3 % aus zwei und 76,8 % aus einem Ei. Die Beziehung zwischen Serienlänge und Eizahl ist sehr weit, weshalb eine Selektion auf dieses Merkmal nur unter gleichzeitiger Berücksichtigung der Pausenlänge möglich ist.

Größere Legepausen und damit Leistungsminderungen verursacht die Brütigkeit der Gänse. Obwohl der Erbgang dieses Merkmals nicht bekannt ist, sollten in Legegansrassen brütige Tiere von der Zucht ausgeschlossen werden.

Die dargelegten Beziehungen machen deutlich, dass zur Verbesserung der Eizahl nicht nur schlechthin auf Legeleistung zu selektieren ist, sondern stets auch auf deren Teilkomponenten.

Eine gute Grundlage zur Beurteilung der Legetätigkeit bietet auch der Verlauf der Legekurve, weil die genannten Faktoren komplex einfließen. **91**

Verlauf der Leistungskurve bei mittlerer und hoher Legeleistung

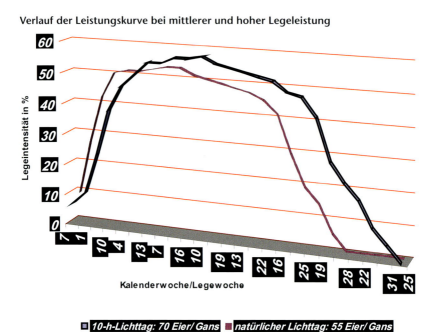

Die in der Abbildung dargestellten Beispiele können als typisch für ein Leistungsniveau in Höhe von etwa 50 und 70 Eiern pro Gans angesehen werden.

Eine weitere Besonderheit der Legetätigkeit von Gänsen muss schließlich in ihrer spezifischen Altersabhängigkeit gesehen werden. Diese wurde bisher im Allgemeinen so interpretiert, dass Gänse im 2. Jahr und später höhere Leistungen aufweisen als im 1. Jahr. Nach dem neuesten Erkenntnisstand muss dazu festgestellt werden, dass dies nur für bestimmte Rassen zutrifft. Italienische Gänse bilden hiervon beispielsweise eine Ausnahme, da sie bereits im 1. Jahr ihre Höchstleistung erreichen. Vom Einzeltier aus gesehen bleiben Gänse, die in dieser Periode über dem Populationsmittel liegen, im 2. gewöhnlich darunter und umgekehrt.

Gänse mit hoher Einsatzleistung erreichen in der Regel die höchste Gesamteizahl, was eine Selektion nach der Legeleistung im 1. Jahr rechtfertigt. Die Nutzungsdauer der Elterngänse muss differenziert je nach Rasse oder Linie festgelegt werden.

Die züchterischen Möglichkeiten zur Steigerung der Legeleistung konnten im Rahmen eines eigens dafür konzipierten Zuchtprogrammes nachgewiesen werden. So stieg die Legeleistung in einer speziell auf Eizahl selektierten Mutterlinie im Zeitraum von fünf Jahren von 42 auf 65,8 Eier je Gans (siehe folgende Tabelle).

Ergebnisse einer Selektion auf Legeleistung

Generation	Tierzahl	Legeleistungsparameter		
	n	Mittelwert Eier pro Gans	Streuung (s)	Variation (s)
		Stück	+/-	%
0	182	40,2		
1	463	42,0	9,0	21,3
2	922	49,6	14,2	29,5
3	1004	53,1	14,4	24,3
4	992	60,5	13,9	23,0
5	999	65,8	14,7	22,3

Dies entspricht einer jährlichen Steigerung um fast sechs Eier je Gans. Dieser überdurchschnittlich hohe Zuchtfortschritt erklärt sich aus der sehr großen Streuung des Merkmals. Die s %-Werte rangieren immerhin zwischen 21 und 29 %. Durch Anwendung der individuellen Legeleistungskontrolle, die zuvor in dieser Population noch nie praktiziert worden war, konnte diese überaus hohe Varianz erstmals offengelegt und überhaupt nutzbar gemacht werden. Zudem führte die Nutzung der kombinierten Individual- und Familienselektion als Selektionsmethode zu maximalen Schätzgenauigkeiten bei der Ermittlung der Erbwerts. Aufgrund dessen bewegen sich die realisierten Erblichkeitskoeffizienten mit h^2eff = 0,37 bis 0,43 ausschließlich an der oberen Grenze der in der Literatur publizierten Werte.

Eigewicht

Das Einzeleigewicht hat auch bei Gänsen einen relativ hohen Erblichkeitsgrad (siehe Tabelle S. 85), was darauf hindeutet, dass ein rascher Zuchtfortschritt auf dem Wege der Reinzucht möglich ist. So kann durch den Einsatz zuchtwertgeprüfter Ganter, deren Geschwister oder Nachkommen überdurchschnittliche Einzeleigewichte zeigen, ein Mangel in der Eigröße bald überwunden werden. Zielstellung darf jedoch nicht das Erreichen maximaler Eigewichte sein, weil dies zulasten der Schlupffähigkeit geht. Zwischen beiden Merkmalen besteht eine negative Korrelation (r = -0,29). Als Richtwerte können die bei den einzelnen Rasse angegebenen Standardgrößen dienen (siehe Tabelle S. 82). Zwischen Eigewicht und Alter sowie Lebendgewicht der Gänse gibt es am Anfang der Legeperiode Wechselbeziehungen. Großen Einfluss hat auch im weiteren Legeverlauf das Lebensalter. So tritt generell im 2. Jahr eine Steigerung der Eigröße um 5 bis 10 % ein. Zwischen Eigröße einerseits und Größe sowie Wachstum der Küken andererseits bestehen positive Beziehungen. Diese Beziehungen werden aber mit zunehmendem Alter immer schwächer und existieren zum Zeitpunkt der Geschlechtsreife überhaupt nicht mehr. Dieser Zusammenhang ist daher vornehmlich in der Frühgänsemast zu beachten.

Befruchtung

Die Befruchtungsleistung der Ganter weist mit h^2-Werten zwischen 0,05 und 0,15 einen sehr geringen erblich bedingten Varianzanteil und damit eine hohe Umweltabhängigkeit auf. Über die wichtigsten äußeren Faktoren, die auf den Befruchtungserfolg einwirken, wird im Abschnitt Bruteiqualität berichtet.

Schlupffähigkeit

Diese Reproduktionseigenschaft wird von einer Vielzahl Faktoren beeinflusst. Der direkte Geneinfluss ist gering. Die bisher bekannten h^2-Schätzwerte liegen zwischen 0,10 und 0,20. Genetisch bedingt können außerdem Letal- und Semiletalfaktoren den Schlupferfolg maßgeblich beeinträchtigen, die aufgrund ihres rezessiven Erbganges besonders im Ergebnis von Inzucht zum Vorschein kommen. Das Merkmal Schlupffähigkeit kann daher als ein sehr geeignetes Indiz für Inzuchtdepressionen angesehen werden. Indirekte genetische Einwirkungsmöglichkeiten sind über Bruteigröße und -qualität gegeben. Züchterisch lässt sich die Schlupffähigkeit am besten durch Anwendung des Kreuzungsverfahrens verbessern.

Körpergewicht

Die h^2-Werte für die Körpergröße (Körpergewicht) liegen im Allgemeinen recht hoch, was ganz besonders im höheren Lebensalter der Fall ist. Wirtschaftlich interessiert dieses Merkmal vor allem hinsichtlich einer angemessenen Größe des bratfertigen Rumpfes von Schlachtgänsen. Eine Selektion auf hohes Wachstum ist wegen der starken Vererbbarkeit sehr erfolgversprechend. Dies konnte in einem eigenen über sechs Jahre laufenden Selektionsexperiment an Deutschen Legegänsen nachgewiesen werden. Im Durchschnitt beider Geschlechter stieg das Gewicht um fast 200 g pro Tier und Jahr bzw. um 4,1 %.

Ergebnisse einer Selektion auf 8-Wochen-Gewicht in einer mittelschweren Gänselinie

		Ganter	Gänse	Durchschnitt
Generation 0	x̄ kg	4,890	4,400	4,645
	s %	7,81	6,91	7,45
Generation 6	x̄ kg	6,194	5,402	5,798
	s %	7,07	7,22	7,14
Sel. Gewinn, kum.	kg	1,304	1,002	1,153
	%	26,7	22,8	24,8
Sel. Gewinn, kum.	g	217	167	192
	%	4,5	3,8	4,2

Eine einseitige Selektion auf Wachstum hat jedoch ungünstige Auswirkungen auf die Legeleistung, da beide Merkmale in negativer Beziehung zueinander stehen. Im Rahmen des Selektionsexperimentes konnte dafür ein Korrelationskoeffizient von r = -0,213 gefunden werden.

Kombinierte Selektionseffekte der Wachstumsselektion bei Gänsen

Merkmal	Korrelationskoeffizient (r)
8-Wochen-Gewicht : Brustmuskelanteil (%)	0,158
8-Wochen-Gewicht : Abdominalfettgehalt (%)	0,358[+]
8-Wochen-Gewicht : Brusthautanteil (%)	0,135
8-Wochen-Gewicht : Eizahl (Stück pro Gans)	- 0,213[+]
8-Wochen-Gewicht : Anteil Doppeleier (%)	0,338[+]
8-Wochen-Gewicht : Befruchtung (%)	-0,348[+]
8-Wochen-Gewicht : Schlupffähigkeit (%)	-0,271[+]
8-Wochen-Gewicht : Spermamenge (ml)	0,421[+]
8-Wochen-Gewicht : Paarungshäufigkeit	negativ

Die Möglichkeit zur Umgehung der negativen Korrelation zwischen Lebendgewicht und Legeleistung besteht darin, dass bei der Mastkükenerzeugung mit schweren Vater- und leichten Mutterpopulationen gearbeitet wird, also eine Spezialisierung bzw. Differenzierung nach Nutzungsrichtung erfolgt.

Weitere Probleme können sich im Rahmen der Wachstumsselektion durch Erhöhung des Doppeleieranteils sowie durch Beeinträchtigung von Befruchtungsrate, Schlupffähigkeit und Paarungsaktivität ergeben. Neben einer Selektion auf Korrelationsbrecher muss diesen Nachteilen durch eine restriktive Aufzucht, die ein Verfetten der Zuchttiere verhindert, begegnet werden. Außerdem ist anzustreben, dass die Steigerung des 8-Wochen-Gewichtes nicht gleichzeitig zu einer linearen Erhöhung des Zuchttiergewichtes führt.

Im Interesse der Schlachtkörperqualität gilt es, neben dem Wachstum des Gesamtkörpers auch die Wachstumsabläufe der einzelnen Körperpartien zu beachten, insbesondere die von Muskel- und Fettgewebe.

Praktische Zuchtarbeit

Zuchtstämme

Der Zuchtstamm ist eine Paarungsgemeinschaft von einem Ganter und mehreren Gänsen entsprechend dem für die jeweilige Rasse geltenden Anpaarungsverhältnis. Er bildet die Grundlage für die Sicherung der individuellen Abstammung, die ihrerseits als Voraussetzung für eine planmäßige und zielstrebige Zuchtarbeit gilt. Realisiert wird dies durch Kennzeichnung der Stammtiere, durch Anwendung der Einzelkontrolle für **95**

Legeleistung, Beschriften der Bruteier und Durchführung des Stammbaumschlupfes. In den Zuchtstamm kommen die Tiere mit dem besten Zuchtwert. Da das erste Jahr zur Ermittlung des Zuchtwertes erforderlich ist, gelangen in der Regel zweijährige Tiere in den Stamm, was zu einem zweijährigen Selektionsintervall führt. Sollen auch noch die Leistungen von späteren Legejahren berücksichtigt werden, so führt dies zu einer Erhöhung des Alters der Stammgänse und zu einer Verlängerung des Generationsintervalls, was sich auf den Zuchtfortschritt äußerst nachteilig auswirkt. Dreijährige und ältere Tiere haben nur dann im Zuchtstamm noch eine Berechtigung, wenn es sich um überdurchschnittliche und herausragende Vererber handelt.

Das Aufstellen von einjährigen Gänsestämmen setzt Kurztests voraus, in denen der Erbwert noch vor der Stammzusammenstellung zu bestimmen ist. Dazu ist eine Prüfung zwischen Mitte Februar und Ende März denkbar, auf deren Grundlage der Stamm Anfang April zusammengestellt werden könnte. Praktisch ist ein solches Vorgehen jedoch noch nicht möglich, weil die Beziehungen zwischen Teilleistung und Gesamtleistung relativ gering ausfallen und die Korrelation zwischen Teilleistung und Restleistung hochgradig negativ sind. Außerdem lässt ein so spätes Zusammenstellen der Stämme Befruchtungsschwierigkeiten erwarten.

Von Bedeutung für den Erfolg der Zucht ist auch der genealogische Aufbau der Stämme. Grundsatz muss sein, die verwandtschaftlichen Beziehungen innerhalb des Stammes und zwischen den Stämmen nicht zu eng werden zu lassen, um Inzuchtdepressionen vorzubeugen. Eine Ausnahme können nur Einzeltiere oder bestimmte Zuchtphasen sein, wo es gilt, über Inzucht bestimmte Merkmale zu festigen. Zur Sicherung eines weiten Verwandtschaftsverhältnisses sollten folgende Regeln beachtet werden:

- Beim Neuaufbau von Stämmen möglichst wenig oder nicht miteinander verwandte Tiere in den Stamm nehmen und eine verwandtschaftliche Differenzierung zwischen den Stämmen sichern.
- Bei der für die Auswahl der neuen Zuchtgeneration durchzuführenden Familienselektion nicht auf komplette Vollgeschwistergruppen zurückgreifen, sondern auf die besten Nachkommen von mindestens zwei oder noch besser drei Stammgänsen.
- Gute Vollgeschwistergruppen nicht gleichmäßig auf andere Zuchtstämme aufteilen, sondern weibliche Tiere grundsätzlich dem Herkunftsstamm zuordnen.
- Mindestens mit jeder neuen weiblichen Stammgeneration auch einen neuen Stammganter auswählen, um Vater-Tochter-Paarungen zu vermeiden.
- Der neue Stammganter wird aus einem anderen Zuchtstamm der eigenen oder einer anderen Zucht reproduziert, was langfristiger und gezielter Paarungsprogramme bedarf.

- Es sollten möglichst viele kleine Stämme als wenige große gebildet werden.

Aufgrund des zweijährigen Generationsintervalls ist die Stammreproduktion nur alle zwei Jahre erforderlich. Eine nochmalige Stammreproduktion im 3. Lebensjahr der Tiere würde zu Nachkommen mit gleicher genetischer Struktur führen und somit züchterisch kaum einen Fortschritt bringen.

Die Zuchtstämme sollten rechtzeitig, das heißt spätestens im Dezember, zusammengestellt werden, weil Gänse eine etwas längere Zeit zur Gliederung ihrer Sozialstruktur bzw. zum Zusammengewöhnen benötigen als andere Geflügelarten. Teilweise werden jedoch diese verhaltenspsychologischen Grenzen als zu starr angesehen. So galt zum Beispiel das Auswechseln des Stammganters früher als unmöglich. Die im Rahmen eigener Forschungsarbeiten über mehrere Jahre hinweg mit Zuchtstämmen gesammelten Erfahrungen zeigen, dass ein solcher Wechsel in den meisten Fällen ohne größere Probleme verläuft und auch noch zu normalen Befruchtungsergebnissen führen kann.

Vorkontrolle (Vorbuch)

Zur Ermittlung der Legeleistung im ersten Jahr werden die weiblichen Stammnachkommen eines Jahrgangs in einer Vorkontrollherde zusammengefasst, weil eine Selektion der Stammtiere nach ihrer eigenen Legeleistung wegen des niedrigen Erblichkeitsgrads nicht akzeptabel ist. Die Vorkontrolle beschränkt sich aufgrund der oben aufgeführten Zusammenhänge auf das 1. Legejahr. Dabei muss die Legeleistungsprüfung getrennt für jedes Einzeltier mittels Fallnestkontrolle erfolgen. Die in dieser Prüfung anfallenden Gössel haben züchterisch keine Bedeutung und sind für Mastzwecke einzusetzen. Angepaart werden dazu Jungganter des gleichen Jahrganges, die aber möglichst anderer genetischer Herkunft sind.

Leistungsprüfung

Im Rahmen der Zucht sind im Wesentlichen folgende Leistungen zu erfassen:

- Eizahl, Legebeginn, Legeende
- Eigewicht
- Lebendgewicht bei verschiedenem Alter
- Befruchtungsvermögen
- Schlupffähigkeit
- Exterieur

Die Legeleistung ist am zweckmäßigsten über Einzelkontrolle mithilfe von Fallnestern festzustellen. Wenn die Anwendung dieser Methode bei Gänsen auch sehr kompliziert und aufwendig ist, darf nicht länger darauf verzichtet werden, denn nicht zuletzt deshalb stagnierte aufgrund ungenauer Kontrolle die Legeleistung der Gänse seit vielen Jahrzehnten, wie zum Beispiel auch die Leistungsentwicklung im ehemaligen Sächsischen Gänseherdbuch.

Legeleistung der Stammgänse in den ehemaligen Herdbuchbetrieben Sachsen (Eier pro Gans und Jahr)

Jahr	Eier pro Gans	
	Mittelwert	Variationsbreite (zwischenbetrieblich)
1942	46	39-60
1945	39	24-50
1950	47	42-57
1955	51	43-67
1960	47	41-74
1961	43	34-58
1962	44	39-55
1963	44	35-68

Das Hauptproblem bei der Fallnestkontrolle besteht darin, dass die Gänse derartige Legenester nur ungern aufsuchen, sodass sie während der Zuchtzeit vom Züchter allabendlich in verschließbare Einzelnester gesetzt und am nächsten Tag wieder herausgenommen werden müssen. Hinzu kommt, dass die Gänse noch sehr unterschiedliche Legemuster besitzen und zu recht verschiedenen Tageszeiten legen. Es gehört somit viel Geduld und Sachkenntnis dazu, die Einzelleistungen exakt zu ermitteln.

Neben der Eizahl selbst sollten bei der Legeleistungskontrolle auch Abnormitäten wie Doppeldottrigkeit, Dünnschaligkeit usw. erfasst werden.

Für das Eigewicht reichen Stichprobenprüfungen aus. Werden die ersten fünf Eier eines Monatsgeleges gewogen, erhält man eine sehr sichere Information über die Veranlagung der Gänse für dieses Merkmal. Um Fehleinschätzungen zu vermeiden, dürfen Doppeleier nicht mit in diese Ermittlung einbezogen werden.

Die Hauptselektion auf Wachstumsintensität sollte anhand des 8-Wochen-Gewichtes erfolgen, und zwar unter Berücksichtigung der Geschlechtszugehörigkeit. Außerdem sollten die Tiere im Interesse exakter Vergleichbarkeit zum Zeitpunkt des Wiegens auch immer den gleichen Fütterungsstatus aufweisen. Am besten lässt sich dies durch eine zwölfstündige Nüchterung erreichen. Bleibt die Futteraufnahme unberücksichtigt, können dadurch Gewichtsdifferenzen von 200 bis 300 g pro Tier auftreten.

Eine 2. Wägung sollte bei der Auswahl der Vorkontrolltiere erfolgen, um einen Vergleich mit dem Standard zu haben und unterentwickelte Tiere ausschließen zu können. In gleicher Weise ist schließlich bei der Zusammenstellung der Zuchtstämme vor Beginn des 2. Legejahres zu verfahren. Mit diesen Lebendgewichtsprüfungen wird zweckmäßigerweise auch gleich eine Exterieurbeurteilung verbunden. Informationen über Befruchtungs- und Schlupfleistung der Stammtiere bieten schließlich die Ergebnisse der Stammbrut.

Dokumentation

Eine wichtige Grundlage der gesamten Zuchtarbeit ist das exakte und übersichtliche Registrieren von Abstammungs- und Leistungsdaten. Für jedes Stammtier wird eine Karteikarte angelegt, die folgende Informationen enthält:

- Kennzeichnung
- Verpaarung
- Abstammungs- und Leistungsnachweis von zwei Vorfahrengenerationen
- Angaben über eigene Leistungen und Exterieurmerkmale

Über die Stammnachzucht sind ein Gänseblatt und ein Ganterblatt sowie eine Aufzuchtliste anzulegen. Im Gänseblatt werden getrennt nach Einlagen die Brutdaten der Stammschlüpfe sowie die Kennzeichnung der Nachkommen festgehalten. Außerdem können hier später Eintragungen über Körpergewicht, Abgangsursachen, Missbildungen usw. vorgenommen werden. In der Summierung bietet dieses Blatt lückenlose Informationen über die Brut- und Aufzuchtleistung der einzelnen Stammgänse. Diese werden dann im Ganterblatt zum Ergebnis des gesamten Stammes zusammengefasst, anhand dessen die Befruchtungs- und Aufzuchtleistung des Stammganters zu beurteilen sind.

Weiterhin wird eine Aufzuchtliste benötigt, in der die Stammnachkommen eines Jahrganges in steigender Reihenfolge nach Kükenmarken stehen. Sie dient der laufenden Eintragung von Aufzuchtdaten. Diese Informationen werden am Ende der Aufzuchtperiode in die Gänseblätter übertragen. Für die Legeleistungsprüfung während der Vorkontroll- und Stammperiode verwendet man Monatslegelisten. Diese enthalten eine Spalte für jeden Kalendertag und eine Zeile für jede Stammgans. Die Eiablage wird durch einen Strich kenntlich gemacht. Am Monatsende erfolgt die Aufrechnung zur Monatsleistung und die Übertragung ins Vorbuch bzw. auf die Stammkarte. Am Ende der Legeperiode sind die Monatsleistungen zu addieren und nach Geschwistergruppen zusammenzufassen. In größeren Zuchten lohnt sich die Verwaltung und Auswertung mithilfe eines Personalcomputers.

Zuchtablauf bei Reinzucht

Der Zuchtablauf innerhalb eines Stammes ergibt sich aus den oben beschriebenen Maßnahmen. Des besseren Verständnisses wegen wird nochmals eine zusammenfassende Darstellung in Übersichtsform gegeben (siehe folgende Tabelle). Daraus geht hervor, dass im Stammjahr zwischen 15.3. und 15.5. der Schlupf der Stammnachkommen vorzunehmen ist. Daran schließt sich die Aufzuchtperiode der Küken, in der das 8-Wochen-Gewicht ermittelt wird. Liegen die Wägeergebnisse komplett vor, ist zwischen Mitte und Ende Juli eine Vorselektion auf Wachstumsintensität vorzunehmen, und zwar nur bei den männlichen Tieren, um die weiblichen Tiere für die Selektion nach der Legeleistung zu erhalten.

Ein Beispiel für ein solches Vorgehen gibt das dargelegte Modell eines Selektionsplanes. Der Zuchtstamm wird am Ende der Legeperiode aufgelöst.

Zuchtablauf in einem Gänsestamm bei zweijährigem Umtrieb

1. Jahr, Stämme (1,5)	
1.1.-30.6.	Stammhaltung mit Einzelkontrolle; ergibt 1. Selektionsinformation: Legeleistung der Stammgänse im 2. Legejahr
15.3.-15.5.	Stammschlupf zur Erzeugung der neuen Stammgeneration; ergibt 2. Selektionsinformation: Befruchtungs- und Schlupfleistung der Stammgänse im 2. Legejahr
Juli	Auflösung der Zuchtstämme; Verbleib: Zuchtherde
Stammnachzucht (25,25)	
15.4.-15.7.	Kükenaufzucht mit Ermittlung des 8-Wochen-Gewichtes: ergibt 3. Selektionsinformation: Wachstumsintensität
16.7.-30.7.	Vorselektion der männlichen Nachzucht auf 8-Wochen-Gewicht
1.8.-30.11.	Jungtieraufzucht der weiblichen Tiere
1.12.-30.12.	Zusammenstellen der Vorbuchherde, dabei Selektion nach Exterieur
2. Jahr, keine Stammhaltung, Vorkontrolle (5,25)	
1.1.-30.6.	Herdenhaltung mit Einzelkontrolle; ergibt 4. Selektionsinformation: Legeleistung der Stammnachzucht im 1. Legejahr
Juli	Auswahl der besten Vorbuchtiere (1,5) für die neue Stammgeneration auf der Grundlage der Selektionsinformationen: 4, 2, 1 und 3.
3. Jahr	wie 1. Jahr
4. Jahr	wie 2. Jahr

Zwischen dem 1.8. und 30.11. werden die Jungtiere der vorselektierten Stammnachzucht aufgezogen. Bei der sich daran anschließenden Zusammenstellung der Vorkontrollherde erfolgt eine Exterieurbeurteilung, bei der einer der noch vorhandenen zwei Vollbrüder ausselektiert wird. Aus der Stammstärke von 1,5 resultiert dann eine Herdengröße von 5,25.

Das 2. Zuchtjahr dient der Legeleistungskontrolle. Hier erfolgt keine Stammreproduktion. Die Vorkontrollprüfung führt zur Hauptselektion, die anhand der Merkmale Einzel- und Vollgeschwisterlegeleistung, Legeleistung und Schlupf der Mutter und der Eigenleistung in Bezug auf 8-Woche-Gewicht und Exterieur vorzunehmen ist. Die weiblichen Tiere verbleiben im Herkunftsstamm, die männlichen wechseln zu dem im Verpaarungsplan vorgesehenen Stamm. Die auf diese Weise ausgewählten 1,5 Gänse verkörpern die neue Stammgeneration (siehe folgende Tabelle). Im 3. Zuchtjahr beginnt dann der Ablauf von Neuem.

Modell für die Selektion der Stammnachkommen eines Zuchtstammes mit 1,5 Gänsen

Ablauf		Weibliche Nachkommen von Gans Nr.					Männliche Nachkommen von Gans Nr.				
	LT	1	2	3	4	5	1	2	3	4	5
Stammschlupf	1	6	6	6	6	6	6	6	6	6	6
Verl. + Merz.	SS	-1	-1	-1	-1	-1	-1	-1	-1	-1	-1
1. Selektion											
Lebendgewicht	56	-	-	-	-	-	-3	-3	-3	-3	-3
Verbleib	57	5	5	5	5	5	2	2	2	2	2
2. Selektion	240	-	-	-	-	-	1	1	1	1	1
Verbleib	241	5	5	5	5	5	1	1	1	1	1
Selektion Eizahl	450	3	3	4	5	5	0	1	1	1	1
Neue Stamm-generation		2	2	1	-	-	1	-	-	-	-

LT = Lebenstag; Verl. = Verluste; Merz. = Merzungen

Eine doppelgängige Stammzucht ist möglich, wenn um ein Jahr versetzt mit genealogisch verschiedenen Stämmen gearbeitet wird (siehe folgende Tabelle). Der Vorteil besteht darin, dass die Stamm- und Vorkontrollkapazität voll genutzt und verdoppelt wird und dass ein gleichmäßiger Arbeitsablauf entsteht.

Zuchtablaufplan für die Zucht mit vier Gänsestämmen

Jahr	Stamm			
	I	II	III	IV
1.	Vorkontrolle 1	Vorkontrolle 1	Stammperiode 1	Stammperiode 2
2.	Stammperiode 1	Stammperiode 1	Vorkontrolle 2	Vorkontrolle 2
3.	Vorkontrolle 2	Vorkontrolle 2	Stammperiode 2	Stammperiode 2
4.	Stammperiode 2	Stammperiode 2	Vorkontrolle 3	Vorkontrolle 3
5.	Vorkontrolle 3	Vorkontrolle 3	Stammperiode 3	Stammperiode 3

Zuchtablauf bei Kombinationszüchtung oder Kreuzungszucht

Durch Anwendung der Linienhybridzucht lässt sich der Zuchtfortschritt erhöhen, insbesondere bei den Merkmalen Legeleistung, Schlupf und Vitalität, die einen niedrigen Erblichkeitsgrad aufweisen. Den Ausgangspunkt bildet die Herauszüchtung spezialisierter Linien. In der Züchtung von Mastgeflügel ist eine Drei-Linien-Hybridisation nach folgendem Schema gebräuchlich.

Schema der Drei-Linien-Hybridisation

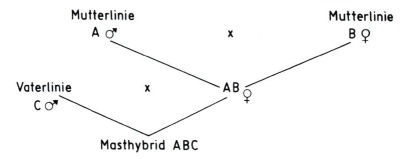

Auf diese Weise können weibliche Elternhybriden mit hohen Fruchtbarkeitsleistungen eingesetzt und genutzt werden. Die Vaterlinie wird ausschließlich auf hohe Mast- und Schlachtleistung gezüchtet, sodass ein Kombinationshybrid entsteht, der mit einem relativ niedrigen Produktionsaufwand bereitgestellt werden kann. Bei Gänsen wäre eine Linienkombination folgender Rassen denkbar.

Schema der Drei-Rassen-Kreuzung

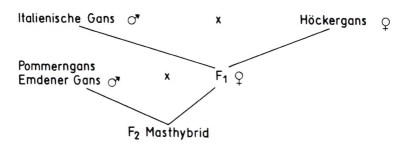

Diese Form der Hybridisation wird aufgrund der für eine Linie zu fordernden Mindeststammzahl von 20 im Rahmen der Kleintierzuchten nur schwer zu realisieren sein. Allerdings ist dieses Schema auch auf der Grundlage einer einfachen Rassekreuzung anwendbar, das heißt als sogenannte Gebrauchskreuzung.

Für eine Zwei-Linien-Hybridisation kommt folgendes Schema in Betracht.

Schema der Zwei-Linien-Hybridisation

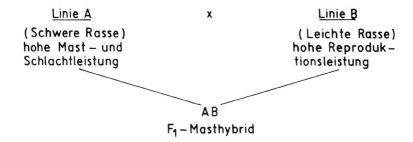

Auf diese Weise ist eine starke Spezialisierung der Zuchtziele und damit eine Einschränkung der Selektionsmerkmale möglich, was sich günstig auf den Zuchtfortschritt auswirkt.

Der Zuchtablauf in den Stämmen einer Linie ähnelt weitgehend dem der Reinzuchtstämme, nur muss neben der Stammreproduktion auch eine Kreuzungspopulation für die Kombinationsprüfung erstellt werden.

Ernährung und Fütterung

Eine wesentliche Voraussetzung für eine bedarfsgerechte und gesunde Ernährung ist zunächst in der Beachtung des Nahrungs- und Futteraufnahmeverhaltens zu sehen, welches in engen Wechselbeziehungen mit dem Bau der Verdauungsorgane steht. Gänse sind von Natur aus Weidetiere. Sie haben eine ausgesprochene Vorliebe für Grün und ihr Verdauungstrakt ist voll darauf eingerichtet. So besitzen sie einen sogenannten Weideschnabel. Dieser zeichnet sich durch seine kräftigen, zu Zahnleisten ausgeformten Hornlamellen aus, die sich an den Seitenrändern des Oberschnabels befinden und über die glattschneidigen Ränder des Unterschnabels fassen. Daraus ergibt sich auch die typische Schnabelform.

Zum anderen sticht hervor, dass der sogenannte Hornnagel oder Hornzahn die ganze Breite der löffelartig verbreiterten Schnabelspitze einnimmt. Diese für die Grünfutteraufnahme günstige Beschaffenheit hat jedoch zur Folge, dass mehliges Futter für Gänse ungeeignet ist. Sie können feine Partikel wie Mehlfutter mit dem Schnabel nicht gut festhalten, sodass ein Teil vor dem Abschlucken wieder herausfällt. Daher muss Konzentratfutter unbedingt in pelletierter Form oder als Weichfutter gegeben werden. Letzteres entspricht ganz besonders ihrem Nahrungsaufnahmeverhalten. Sie sind feuchtem Futter sehr zugetan.

Das richtige Futter

Eine weitere wichtige Rolle bei der Futterdarbietung spielt die Partikelgröße. Gänse bevorzugen in Anpassung an ihre Schnabelgröße und Schlundweite relativ kleine Partikel. Darauf gründet sich im Wesentlichen

Extensive Grasland- und Weidewirtschaft mit Mastgänsen in Ungarn

Zufütterung von Grobfutter bei geringem Weideaufwuchs im Spätsommer

die Beliebtheitsreihe für verschiedene Getreidekörner. Es besteht bei Gänsen folgende Rangfolge:

Hafer > Weizen > Gerste > Roggen > Mais

Die Vorliebe für Hafer kann außerdem seiner Bespelzung und seiner weicheren Konsistenz zugeschrieben werden, denn beides wird von Gänsen zusätzlich geschätzt.

Zu berücksichtigen ist bei der praktischen Fütterung auch die Funktion des Muskelmagens. Dieser wird bei Gänsen aufgrund seines besonderen Muskelreichtums und seiner sehr starken verhornten Reibeplatten im Mageninnern auch als „Kaumagen" bezeichnet. Damit wird ein sehr starker Mageninnendruck aufgebaut, der mit 28 Pascal um das Doppelte höher liegt gegenüber Hühnern und um das 1,5-fache gegenüber Enten. Damit ist er prädestiniert für die Zerreibung pflanzlicher Zellen und den damit verbundenen Aufschluss von Zellinhaltsstoffen. Um seine Zerkleinerungs- und Vorverdauungsfunktion voll entfalten zu können, benötigt der Gänsemagen scharfkantige Steinchen. Die Bereitstellung von Quarzsand oder feinem Kies ist daher bei Gänsen unerlässlich.

Das aufgrund des pH-Werts saure Milieu im Muskelmagen unterstützt die Verdauung von faserreichen Futterstoffen bei Gänsen.

Schließlich verlangt das Verhalten der Gänse große Sorgfalt bei Futterumstellungen. Ist ein Wechsel von Futtermitteln vorgesehen, so müssen die Tiere rechtzeitig im Rahmen einer Übergangsfütterung umgewöhnt **105** werden. Sonst kann es wegen ihres stark ausgeprägten Vorbehaltes gegenüber allem Neuen passieren, dass sie die Futteraufnahme erst einmal ganz verweigern. Auch den Übergang von restriktiver Fütterung zu Ad-libitum-Fütterung gilt es allmählich und behutsam vorzunehmen, weil Gänse sehr stark dazu neigen, sich zu überfressen. Die Folge davon ist die Bildung eines Hängekropfes verbunden mit schweren Verdauungsstörungen.

Über das Futter müssen die Gänse jene Mengen an Energie, Eiweiß, Vitaminen und Mineralstoffen erhalten, die für den Ablauf der Lebensvorgänge im Tierkörper bzw. im Ei notwendig sind. Dabei gilt es, diesen Bedarf weitgehend aus billigen und wirtschaftseigenen Futtermitteln zu decken und den Anteil an Konzentraten (Kraftfutter) so niedrig wie möglich zu halten. Die Gans stellt aufgrund ihres größeren Futteraufnahmevermögens und ihrer günstigen Verdauungsleistung an die Futtermittel im Allgemeinen keine hohen Anforderungen. Nach diesen Gesichtspunkten wurden verschiedene Futterstoffe zusammengestellt (siehe folgende Tabelle).

Energie- und Proteingehalt ausgewählter Futtermittel

1000 g Futtermittel enthalten	Trockensubstanz	Umsetzbare Energie	Verdauliches Rohprotein	Lysin	Methionin + Cystin
	g	MJ	g	g	g
Wiesengras	160	1,51	15	1,6	0,8
Rotklee, Knospe	145	1,78	17	1,4	0,8
Luzerne, Knospe	166	1,67	30	2,1	1,1
Luzerne, trocken	900	6,06	147	9,0	5,3
Grasgrünmehl	900	5,41	99	7,5	4,1
Kartoffeln, gedämpft	237	3,3	13	1,0	0,5
Zuckerrüben	234	3,00	6	0,5	0,15
Zuckerrübenschnitzel	930	10,5	25	–	–
Mohrrüben	128	1,3	8	0,4	0,2
Maiskolben-Schrotsilage (CCM)	620	7,34	51	1,7	2,4
Hafer	880	10,25	86	4,4	4,9
Gerste	880	11,43	82	4,0	4,2
Weizen	880	12,78	97	3,4	4,7
Mais	880	13,75	77	2,7	3,8
Weizenkleie	880	6,17	106	5,8	5,1
Magermilch, frisch	90	1,11	32	2,8	1,3
Magermilch, getrocknet	960	11,49	286	27,4	11,9
Quark	218	3,00	61	6,3	2,9
Fischmehl	900	11,91	490	38,3	18,8

1000 g Futtermittel enthalten	Trocken-substanz	Umsetz-bare Energie	Verdau-liches Rohpro-tein	Lysin	Methi-onin + Cystin
	g	MJ	g	g	g
Sojabohnenextraktions-schrot	890	10,17	400	27,8	12,9
Sonnenblumenextr.-Schrot	910	802	337	14,0	16,0
Leinextraktionsschrot	890	8,12	291	12,2	11,8
Ackerbohnen	880	10,79	196	16,5	5,3
Erbsen	880	11,03	184	15,5	5,3
Lupine, gelb, süß	880	8,25	329	19,6	10,8
Trockenhefe, Sulfitablauge	910	10,18	317	32,9	12,3

Die wichtigsten Energieträger

Aus dieser Übersicht geht hervor, dass Getreide und Getreideprodukte die hauptsächlichsten Energieträger sind. Sie kommen deshalb vor allem für die Gösselaufzucht und für die Frühmast in Betracht, bei denen ein hoher Energiebedarf besteht. Erfolgreich getestet wurde auch bei Gänsen Mais-kolbenschrotsilage (CCM) als energiereiches Futtermittel. Zuckerrüben und gedämpfte Kartoffeln haben in der Originalsubstanz einen mittle-ren Energiegehalt und sind daher geeignete Energieträger für die Jung-tiermast, Spätmast und Zucht sowie in begrenztem Umfange für die Früh-mast. Grünfutter, Futterrüben und Möhren gehören zu den Futtermitteln mit geringer Energiekonzentration. Ein sehr hoher Grünfutteranteil ist nur in Phasen minimalen Energiebedarfs wie Jungtieraufzucht, Legeruhe und Spätmast möglich.

Proteinquellen

Bei der Deckung des Proteinbedarfs muss neben der Menge auch die Qua-lität des Eiweißes Berücksichtigung finden. Es kommt darauf an, jene le-benswichtigen Aminosäuren bereitzustellen, die der Tierkörper nicht selbst synthetisieren kann, wie Lysin und die schwefelhaltigen Amino-säuren Cystin und Methionin. Den höchsten Eiweißgehalt bei gleichzei-tig optimaler Aminosäurenzusammensetzung haben Fischmehl, Mager-milch, Futterhefe und Sojaextraktionsschrot, danach folgen Ackerbohnen und Erbsen. Da der Eiweißbedarf der Gänse relativ niedrig ist, kann der Anteil dieser wertvollen und teuren Futtermittel knapp bemessen wer-den. Eine gewisse Ausnahme ergibt sich bei der Gösselaufzucht, bei der es darum geht, das hohe Wachstumsvermögen der jungen Gänse weitestge-hend auszuschöpfen, um den Tieren optimale Startbedingungen zu bie-ten. Ansonsten können auch Getreide und Getreideprodukte als Protein-**107** quelle dienen sowie Grünfutter begrenzt in Phasen hohen Bedarfs und unbegrenzt in Phasen minimalen Bedarfs.

Mineralstoffträger

Die Mineralstoffe haben große Bedeutung für Knochenwachstum und -festigkeit während der Aufzucht und Mast sowie für die Eibildung und die Schlupffähigkeit bei der Fortpflanzung. Außerdem bilden sie als Aktivator für Enzyme und als Bestandteil der Zellen die Grundlage für zahlreiche andere Lebensprozesse der Gänse. Entsprechend dem Gehalt im Körper unterscheidet man zwischen Mengen- und Spurenelementen.

Die wichtigsten Mengenelemente sind Kalzium, Phosphor, Natrium und Magnesium. Aus der Gruppe der Spurenelemente verdienen Mangan, Kupfer und Zink besondere Beachtung.

Bei einer Unterversorgung mit Mineralien kann es je nach Höhe des Defizits zu mehr oder weniger großen Beeinträchtigungen von Gesundheit und Leistung kommen. Bezüglich der auftretenden Mangelsymptome muss auf die spezielle Literatur über Geflügelkrankheiten und Geflügelernährung verwiesen werden. Erkrankungen und Mortalität können in diesem Zusammenhang auch infolge Überangebots an Mineralien auftreten.

Mineralstoffe sind in Futtermitteln tierischer Herkunft häufiger und in größeren Mengen vorhanden. Pflanzliche Futterstoffe, die den Hauptbestandteil von Gänserationen ausmachen, haben einen niedrigen Gehalt, sodass zur Deckung des Mineralstoffbedarfs handelsübliche Mineralstofffuttermittel (Futterkalk) oder Mineralstoffvormischungen einzusetzen sind. Diese werden am besten dem Weichfutter beigemengt.

Vitaminträger

Gänse sind analog zu anderen Geflügelarten außerdem auf die Zufuhr von Vitaminen angewiesen. Eine Unterversorgung kann zu vielerlei Störungen führen. Diese sind allerdings oft nur schwer zu erkennen, was zur Folge hat, dass Mangelsymptomen häufig gar nicht oder zu spät begegnet wird. Besondere Bedeutung haben die Vitamine für Eibildung und Bruteiqualität, Befruchtung, Schlupf und Krankheitsresistenz. Sehr nachteilig können sich aber auch Vitaminüberdosierungen bemerkbar machen.

Die Vitamine werden in zwei Gruppen eingeteilt, und zwar in die fettlöslichen Vitamine A, D, E und K und in die wasserlöslichen Vitamine der B-Gruppe und Vitamin C. Vitamin K und C haben für Gänse keine Bedeutung. Die in Futtermitteln enthaltenen A-, D- und B-Vitamine reichen in der Regel nicht aus, sodass eine gesonderte Zufuhr wichtig ist. Dies trifft vor allem auf Zuchttiere zu, da diese einen sehr hohen Vitaminbedarf für die Eisynthese haben. Für Geflügel gibt es verschiedene Kombinationspräparate im Handel. Weit verbreitet sind kombinierte Spurenelement-Vitamin-Prämixe. Die Höhe der Beigaben geht aus den jeweiligen Anwendungsempfehlungen hervor.

Je nach Entwicklungsphase, Alter und Fortpflanzungsstatus der Tiere untergliedert sich die Ernährung der Gänse in verschiedene Haltungs- und Fütterungsabschnitte.

Haltungs- und Fütterungsabschnitte für Gänse

Abschnitt	Lebenstag/ Zeitdauer	Mischfuttermittel
Kükenaufzucht	1.-21.	Gösselstarter
Jungtieraufzucht	22.-270.	Gänsegrower oder Zuchtgänsefutter II
Frühmast	22.-56./70.	Gänsegrower
Jungtiermast	22.-112.	Gänsegrower und Gänsefinisher
Spätmast	22.-140./230.	Gänsegrower und eventuell Gänsefinisher
Legeruhe (Fortpflanzungsruhe)	185-245 Tage	Zuchtgänsefutter II
Legeperiode	120-180 Tage	Zuchtgänsefutter I

Fütterung der Zuchtgänse

Bei der Fütterung der Zuchtgänse muss man grundsätzlich zwei Abschnitte unterscheiden: die Legeruhe und die Legeperiode.

Legeruhe

Während der Legeruhe sind lediglich Nährstoffe für den Federwechsel und den Erhaltungsbedarf erforderlich. Deshalb besteht während dieser Zeit die Gefahr, dass die Tiere verfetten, was sich später nachteilig auf die Befruchtung und Legeleistung auswirkt. Es muss demzufolge ein Energieüberangebot vermieden werden. Der Bedarf richtet sich nach dem Lebendgewicht (siehe folgende Tabelle).

Täglicher Bedarf an umsetzbarer Energie (ME) und Protein von Zuchtgänsen während der Legeruhe (nach Jeroch und Jamroz; verändert)

Lebendgewicht (kg)	MJ ME/Tier	Rohprotein (g/Tier)	verdauliches Rohprotein (g/Tier)
5,0	1,81	22	17
5,5	1,95	24	18
6,0	2,08	26	20
6,5	2,21	28	21
7,0	2,34	30	23
7,5	2,47	32	24
8,0	2,58	34	26

Für eine Gans von 6,0 kg Körpergewicht sind durchschnittlich 2,08 MJ ME/Tag zu veranschlagen. Der Wert ändert sich je 0,5 kg Lebendgewicht um 0,11-0,14 MJ ME nach oben oder nach unten. Für das verdauliche Rohprotein gelten als Norm 17 bis 26 g pro Tier und Tag. Für eine 6,0 kg schwere Gans sind somit während der Legeruhe 2,08 MJ und 20 g verdauliches Protein bereitzustellen. Diese Anforderungen lassen sich bei leichten und mittelschweren Rassen in einem beträchtlichen Umfang mittels Weide und Grünfutter erfüllen.

Geht man davon aus, dass eine maximale Grünfutteraufnahme von 1 kg pro Tier und Tag gegeben ist, können durch das Grünfutter etwa 1,2 MJ umsetzbare Energie und 15 g Protein abgedeckt werden. Das verbleibende Defizit lässt sich am besten durch eine Hafergabe von 85 g (0,86 MJ + 8 g Protein) ausgleichen. Zur Absicherung des Vitamin- und Mineralstoffbedarfs müssen jeweils die entsprechenden Vormischungen zugesetzt werden. Sind die Gänse schwerer als 6,0 kg und ist die Ertragsfähigkeit der Weiden geringer als angenommen, erhöht sich der Getreidebedarf, was rechnerisch anhand der Tabellenwerte ermittelt werden kann.

Bei Fehlen von Weide und Grünfutter wird in den großbetrieblichen Gänsehaltungen Getreide kombiniert mit einem energie- und proteinreduzierten Mischfutter eingesetzt, gehandelt unter der Bezeichnung „Zuchtgänsefutter II" mit folgenden Gehaltswerten:

- 10 MJ ME/kg,
- 12,00 % Rohprotein
- 0,50 % Lysin
- 0,48 % Methionin und Cystin
- 1,20 % Kalzium
- 0,75 % Phosphor
- 1,00 % Spurenelement-Vitamin-Prämix

Die Gaben belaufen sich je nach Rasse bzw. Linie auf 100 bis 200 g pro Tier und Tag. Auch aus Weizen- und Gerstenschrot, Hülsenfrüchten, Rapsextraktionsschrot, Trockenschnitzeln und Grünmehl lässt sich unter Einbeziehung von Wirk- und Mineralstoffvormischungen ein brauchbares Alleinfutter für die Zeit der Legeruhe zusammenstellen.

Eine Ad-libitum-Fütterung aus Automaten muss unterbleiben, da sie zu Luxuskonsum von Futter und zum Verfetten der Tiere führt. Der Futterverzehr ist durch Anwendung der rationierten Fütterung (breitwürfige Verabreichung oder Trogfütterung) auf die oben angegebenen Mengen zu begrenzen. Das sogenannte alternierende Hungern, bei dem die Tiere nur alle zwei Tage Zugang zum Futter erhalten und an dem dazwischenliegenden Tag fasten müssen, hat sich bei Gänsen nicht bewährt, weil sie stark zum Überfressen und zur Bildung von „Hängekropf" neigen.

Gut gepflegte Gänseweide mit Offenfrontstall als Nachtunterkunft

Täglicher Energie- und Proteinbedarf einer 6 kg schweren Zuchtgans (nach Jeroch; verändert)

Legeleistung (%)	MJ ME	verdauliches Rohprotein (g)	Lysin (g)	Methionin + Cystin (g)
10	2,34	20	1,1	0,8
20	2,60	25	1,4	1,0
30	2,87	30	1,7	1,2
40	3,14	35	2,0	1,4
50	3,41	40	2,3	1,6
60	3,67	45	2,6	1,8

Legeperiode

In der Fütterung während der Legeperiode ist der Energie- und Proteinbedarf ebenfalls noch zum überwiegenden Teil durch den Erhaltungsbedarf bedingt, weil die Legeleistung der Gänse niedrig ist. Im Interesse einer vollen Ausschöpfung der Leistungsveranlagung muss der bedarfsgerechten Zufuhr an Nähr- und Wirkstoffen trotzdem größte Bedeutung geschenkt werden.

Eine 6 kg schwere Gans benötigt bei einer Legeintensität von 50 % etwa 3,41 MJ ME, 40 g Protein, 2,3 g Lysin sowie 1,6 g Methionin und Cystin. Bei reiner Konzentratfütterung liegt der mittlere tägliche Verzehr einer Gans bei etwa 300 g. Richtwerte für das Legefutter der Zuchtgänse sind:

- 11,2 MJ ME je kg
- 17,0 % Rohprotein
- 0,60 % Lysin
- 0,56 % Methionin und Cystin

Bedarf der Zuchtgänse an Vitaminen und Mineralstoffen

Vitamine	je Tier und Tag	je kg Mischfutter
A	3600 IE	12000 IE
D_3	400 IE	1300 IE
E	9 IE	30 IE
K	0,6 mg	2 mg
B_1	0,6 mg	2 mg
B_2	1,8 mg	6 mg
B_6	1,5 mg	4,5 mg
B_{12}	0,003 mg	0,01 mg
Niazin	12 mg	22 mg
Pantothensäure	4,5 mg	15 mg
Folsäure	0,3 mg	1 mg
Cholin	300 mg	1 g
Biotin	0,06 mg	0,2 mg
Linolsäure	5 g	15 g
Mineralstoffe		
Kalzium	8 g	30 g
Phosphor	2 g	8 g
Natrium	0,5 g	1,5 g
Eisen	12 mg	35 mg
Kupfer	1,5 mg	4,5 mg
Mangan	17 mg	55 mg
Zink	17 mg	55 mg
Selen	0,05 mg	0,15 mg

Sehr große Bedeutung haben in der Zuchtgänseernährung zudem Vitamine und Mineralstoffe, besonders bei ertragsarmen und knapp zugemessenen Auslaufflächen. Diese Stoffe bilden eine wichtige Grundlage für den normalen Ablauf der Fortpflanzungsprozesse, für den Schlupf sowie für das anfängliche Kükenwachstum. Die aktuellen Bedarfswerte sind in der obigen Tabelle zusammengestellt.

In den Kleinsthaltungen sollten aus Kostengründen eigene Mischungen hergestellt und in größerem Umfange Weideflächen, Grünfutter, Gemüseabfälle usw. auch für Zuchttiere genutzt werden. Je Gans rechnet man je nach Ertragsfähigkeit mit 100 bis 120 m² Weide. Steht diese nicht in ausreichendem Maße zur Verfügung, können täglich 200 g Möhren oder 400 g junges Grünfutter zugefüttert werden.

Beispielrationen in g pro Tier und Tag für Zuchtgänse

Futtermittel	Ration				
	1	2	3	4	5
Weizen	150	150	100	-	100
Mais	-	-	-	100	50
Weizenkleie	-	-	-	-	-
Kartoffeln	100	-	-	-	-
Zuckerrüben	-	150	-	-	-
Trockenschnitzel	-	-	50	50	-
Möhren	-	-	-	-	100
Fischmehl	15	15	10	-	-
Sojaextraktionsschrot	20	20	-	-	-
Ackerbohnen	-	-	-	-	20
Hefe	5	5	10	20	
Magermilch	100	100	-	-	200
Magermilchpulver	-	-	10	-	-
Quark	-	-	200	200	
Gras	350	350	200	100	350
Trockengrünmehl	20	20	-	75	20
Mineralstoffmischung	7	7	7	7	7
Vitamin-Prämix	4	4	5	6	4
Trockensubstanz	273	284	289	279	269
MJ ME	3,47	3,59	3,45	3,47	3,63
verdauliches Rohprotein	42,9	42,5	38,5	39,5	45,2
Lysin	2,46	2,28	2,63	2,89	2,42
Methionin + Cystin	1,70	1,60	1,45	1,27	1,78

Eine Einsparung von Getreide ist durch die Einbeziehung von Kartoffeln, CCM und Zuckerrüben möglich, wobei Letztgenannte aber auf 300 g pro Tier und Tag begrenzt bleiben müssen, weil höhere Gaben die Bruteiqualität beeinträchtigen. Als Eiweißquelle können in einem bestimmten Umfang hochwertiges Grünmehl und in geringem Maße zartes Grünfutter dienen.

Ganz ohne spezifische Eiweißträger ist jedoch nicht auszukommen, weil sonst für die Eiweißsynthese die erforderlichen essenziellen Aminosäuren fehlen. Wichtige Funktionen haben hier vor allem tierische Futterproteine, die außerdem zu einer optimalen Versorgung mit B-Vitaminen beitragen.

Über Grünfutterstoffe und Mohrrüben gelangt Karotin als Vitamin-A-Vorstufe in die Ration. Da aber die Vitamin- und Mineralstoffgehalte dieser Futtermittel sehr unterschiedlich sein können, sollten zur Vorbeugung gegen Unterversorgung entsprechende Prämixe mit vorgesehen werden.

113

Fütterung der Küken

Die Kükenernährung beinhaltet den ersten Abschnitt der Aufzuchtperiode, die sogenannte Kükenphase oder Warmphase. In der Regel sind das die ersten drei Lebenswochen der Gössel.

Kennzeichnend für heranwachsende Gänse ist ihr außerordentlich schnelles Anfangswachstum. So erreichen sie bei vollwertiger Ernährung bereits zum Zeitpunkt der 1. Federreife, das heißt etwa im Alter von acht bis zehn Wochen, 80 % ihres Erwachsenengewichtes. Dieser für Gänse typische Wachstumsverlauf ist hier grafisch dargestellt.

Wachstumskurven von Masthybriden

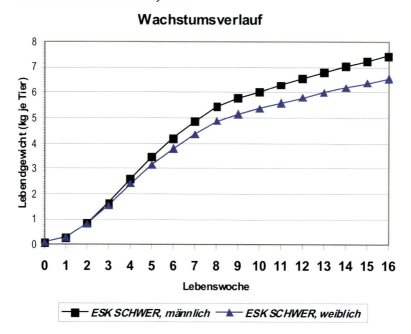

Ein besonders intensives Wachstum weisen Gössel auf. Ihr Schlupfgewicht von 90 bis 120 g erhöht sich innerhalb der 3-wöchigen Kükenphase um das 10- bis 15-fache. Außerdem kommt es in den ersten zwei Lebenswochen zur höchsten Zunahme des Eiweißgehaltes im Organismus.

Im Einzelnen wird das hohe Wachstumspotenzial junger Gänse an den in folgender Tabelle zusammengestellten Daten sichtbar, welche die Gewichtsentwicklung eines schweren und eines mittelschweren Gänsegenotyps dokumentieren.

Entwicklung von Körpergewicht und Futterverbrauch bei wachsenden Gänsen bis zum ersten Federwechsel

Lebenswoche	Kumulativ		je Woche		Ø je Tag	
	kg/Tier	kg /Tier	kg/Tier	kg/Tier	g/Tier	g/Tier
Genotyp	S[1]	MS[2]	S	MS	S	MS
			Körpergewicht			
0	0,11	0,10				
1	0,43	0,40	0,32	0,30	46	43
2	0,91	0,81	0,48	0,41	69	59
3	1,90	1,69	0,99	0,88	141	126
4	3,14	2,80	1,24	1,11	177	159
5	4,05	3,61	0,91	0,81	130	116
6	4,78	4,26	0,73	0,65	104	93
7	5,34	4,76	0,56	0,50	80	71
8	5,78	5,15	0,44	0,39	63	56
9	6,10	5,45	0,32	0,30	46	43
10	6,40	5,70	0,30	0,25	43	36
			Futterverbrauch			
1	0,31	0,32	0,34	0,32	49	46
2	1,25	1,17	0,91	0,85	130	121
3	2,86	2,68	1,61	1,51	230	215
4	4,78	4,48	1,92	1,80	274	257
5	7,19	6,73	2,41	2,25	344	321
6	9,91	9,28	2,72	2,55	389	364
7	12,68	11,88	2,77	2,60	395	371
8	16,14	15,12	3,46	3,24	494	462
9	19,30	18,08	3,15	2,95	451	421
10	22,40	20,98	3,10	2, 90	443	414

[1] schwer, [2] mittelschwer

Die mittelschweren Gänse repräsentieren das in der Praxis am häufigsten anzutreffende Kaliber. Deshalb dienen sie auch als Modell für die nachfolgenden Futterberechnungen. Gössel sind in der Startphase auf eine maximale Nährstoffaufnahme angewiesen. Genetisch vorgesorgt ist dafür mit der ihnen angeborenen stark ausgeprägten Fresslust. Im Hinblick darauf muss das Futter während der Kükenphase ad libitum dargeboten werden. Für die Futteraufnahme bei ausschließlicher Konzentratfütterung können folgende mittlere tägliche Verzehrmengen je Tier zugrunde gelegt werden:

- 1. Woche 50 g
- 2. Woche 125 g
- 3. Woche 220 g

115

Daraus errechnet sich für die gesamte Zeit der Aufzucht bei dreiwöchiger Dauer ein Bedarf von 2,76 kg Mischfutter pro Tier. Durch Zufütterung von jungem, hochwertigem Grünfutter können je Tier 0,3 bis 0,5 kg von diesem Konzentratfutter eingespart werden. Dabei gelten als Richtwerte für den Tagesverzehr an Grünfutter nachfolgende Mengen:

- 1. Woche 50 g
- 2. Woche 150 g
- 3. Woche 300 g

In der ersten Woche liegt die Grasaufnahme erst einmal so niedrig, dass sie kaum messbar ist und hinsichtlich ihres Nährstoffbeitrages vernachlässigt werden kann. Sie spielt hier jedoch eine wichtige Rolle für das Angewöhnen sowie für die Beschäftigung.

Bei der Aufzucht von Mastgänsen ist die Zufütterung von Grünem nur bedingt angebracht, weil die damit einhergehende Verringerung des Konzentratverzehrs zu einer Beeinträchtigung der Mastendgewichte führen kann. Diese Einschränkung gilt vor allem für die Frühmast und in einem gewissen Umfang aber auch für die Jungtiermast, weil hier innerhalb relativ kurzer Zeit maximale bzw. sehr hohe Zunahmen an Körpergewicht erzielt werden müssen.

Dagegen kann in der Aufzucht von Spätmastgänsen Grünfutter ohne Bedenken in großen Mengen eingesetzt werden. Bei diesem extensiven Mastverfahren steht den Tieren bis zur Erlangung der Schlachtreife reichlich Zeit zur Verfügung.

Als Gösselfutter bestens bewährt haben sich seit Langem junge Brennnesseln und zartes Gras mit Klee. Darüber hinaus stellen Salat- oder Kohlblätter, Futterroggen, grüner Raps, zerkleinerte Möhren usw. ein schmackhaftes Saftfuttermittel für Gänseküken dar. Noch besser ist es in Anbetracht des zusätzlichen Gesundheitseffektes, die Gössel alsbald auf einer Weide grasen zu lassen. Auf stallnahen Flächen von niedrigem Graswuchs kann bereits ab der 2. Lebenswoche damit begonnen werden. Außerdem trägt „Grünes" maßgeblich zum Wohlbefinden der Gössel bei. Nicht zufällig zählt es bei den Graugänsen, der Stammform unserer Hausgänse, vom ersten Lebenstag an zur beliebtesten Nahrung. Schließlich spielt Grünfutter für Gänse eine wichtige Rolle für die Ausübung ihres Beschäftigungstriebs „Beknabbern und Spielen".

Verhaltensstörungen und gefährliche Untugenden wie das Flaumbeißen (gegenseitiges Auszupfen des Kükenflaums auf dem Rücken bis zu völliger Nacktheit) und Federfressen können durch Gewährleistung dieses Funktionskreises vermieden werden.

Gössel haben aufgrund ihrer großen Wachstumsintensität einen hohen Bedarf an Energie und Protein. Die Bedarfsnormen für die Aufzucht von Küken des schweren und mittelschweren Typs sind in folgender Tabelle aufgeführt.

Täglicher Bedarf an umsetzbarer Energie und Protein für die Aufzucht von Gösseln eines mittelschweren Genotyps (nach Jeroch; verändert)

Woche	MJ ME	Rohprotein (g)	Lysin (g)	Methionin + Cystin (g)
1.	0,58	12	0,7	0,5
2.	0,97	20	1,1	0,8
3.	1,46	30	1,7	1,1
4.	1,93	40	2,2	1,6

Das hohe Niveau der Bedarfsware für Lysin sowie für Methionin und Cystin lässt erkennen, dass in der Gösselernährung nicht nur sehr hohe Ansprüche an die Menge, sondern auch an die Qualität des Proteins erhoben werden. Hochwertige Proteinträger wie Fischmehl, Molkereiprodukte oder Soja müssen daher bei der Rationsgestaltung Berücksichtigung finden. Im Rahmen der industriellen Mischfutterherstellung besteht die Möglichkeit, die vollwertige Proteinversorgung durch Einsatz von synthetischen Aminosäuren herbeizuführen.

Als Alleinfuttermittel wird ein pelletiertes Gösselstarterfutter mit folgendem Gehaltswerten benötigt:

- 12 MJ ME/kg
- 22 % Rohprotein
- 1,1 % Lysin
- 0,8 % Methionin und Cystin

Hinzu kommen Vitamine und Mineralstoffe entsprechend der Bedarfsnormen. Die wichtigsten davon sind:

- 10000 IE Vitamin A
- 2500 IE Vitamin D3
- 35 mg Vitamin E
- 1 % Linolsäure
- 0,85 % Kalzium
- 0,50 % Phosphor
- 0,12 % Natrium

Der Kleintierhalter bzw. Kleinproduzent muss nicht unbedingt auf ein solch teures Fertigfutter zurückgreifen. Wie aus den in folgender Tabelle angeführten Fütterungsbeispielen ersichtlich, lassen sich vollwertige Aufzuchtrationen für Gössel auch unter Einbeziehung wirtschaftseigener Futtermittel preiswert herstellen. Zu ergänzen sind Mineralstoffgemisch und Vitaminvormischung.

Beispielrationen für die Gösselaufzucht (g pro Tier und Tag)

	Lebenswoche			
	1.	**2.**	**3.**	**4.**
Weizen	30	30	50	50
Weizenkleie	-	-	30	50
Kartoffeln, gedämpft	-	50	100	200
Fischmehl	10	10	10	10
Magermilch	50	100	150	200
Sojaextraktionsschrot	10	20	20	50
Grünfutter	50	100	100	100
Lysin	1,0	1,3	1,8	2,4
Methionin + Cystin	0,8	0,9	1,3	1,7

Fütterung der Jungtiere

Die Phase der Jungtieraufzucht beginnt mit der 4. Lebenswoche und endet mit Eintritt der Fortpflanzungsreife, was in der Regel im Verlauf des Monats Dezember erfolgt.

Bis zur 10. Woche ist die Entwicklung noch durch das rasche Jugendwachstum geprägt (siehe Abb. S. 114). Allerdings verläuft es in diesem Altersabschnitt schon nicht mehr ganz so intensiv wie in der vorangegangenen Kükenphase. Von der 11. Lebenswoche an flacht die Wachstumskurve deutlich ab. Der sich daran anschließende Abschnitt dient vor allem der Entwicklung, Ausbildung und Reifung der männlichen und weiblichen Fortpflanzungsorgane.

Auf diese Gegebenheiten muss die Ernährung der Junggänse aufbauen. Dabei gilt es von vornherein zu beachten, dass in dieser Zeit infolge des ungebrochenen Appetits der Gänse, ähnlich wie in anderen Phasen geringen Leistungsbedarfs, ein überhöhtes Risiko für Überernährung besteht. Es nimmt bei den heranwachsenden Zuchttieren mit fortschreitendem Lebensalter deutlich zu. Unmäßiger Energieverzehr führt zu Übergewicht und zu Verfettung der Körpergewebe und der inneren Organe, Eierstock und Hoden inbegriffen. Die Gänse und Ganter erlangen nicht die erforderliche Zuchtkondition. Überhöhte Proteinaufnahme provoziert vorzeitige Fortpflanzungsaktivität vor dem Zeitpunkt der genetisch fixierten Geschlechtsreife. Durch diese Fehlentwicklungen kann es später zu mehr oder weniger großen Störungen bei Eibildung, Spermaproduktion und Paarungsaktivität kommen. Als Folge davon bleiben Befruchtungs- und Legeleistung auf einem niedrigen Niveau und von kurzer Dauer. Außerdem treten in einem erhöhten Ausmaß Exterieurschäden und Tierverluste auf. Das Hauptziel der Junggänseernährung muss somit in der Aufzucht gesunder, normal entwickelter konditionsstarker Zuchttiere mit einem dem Rasse- oder Linienstandard gemäßen Körpergewicht gesehen werden.

Das bedeutet, dass in den Alleinfuttermitteln für Junggänse der Gehalt an Energie und Protein gegenüber dem Starterfutter deutlich niedriger liegen muss. Dabei gilt es zu differenzieren zwischen dem ersten und dem zweiten Abschnitt der Jungtieraufzucht.

Im Abschnitt 4./5. bis 10. Woche ist zunächst erst eine mäßige Nährstoffabsenkung notwendig. Bei alleiniger Verabreichung von Fertigfutter entspricht diesem Erfordernis der Gänse am besten „Gänsegrower". Es handelt sich dabei um ein Mischfutter für wachsende Gänse mit folgenden Gehaltswerten: 12 MJ ME/kg, 17 % Rohprotein, 0,85 % Lysin sowie 0,68 % Methionin und Cystin. Vitamin- und Mineralstoffgehalte sind mit denen des Starterfutters identisch. Kleine Gänsehaltungen können die erforderliche Nährstoffabsenkung durch Verschneiden des Gösselfutters herbeiführen, indem es zu einem Drittel durch Getreidekorn, am besten durch Hafer, ersetzt wird. Die Darbietung des Konzentratfutters muss bereits in diesem Lebensabschnitt rationiert erfolgen.

Die Tagesgaben sind etwa 10 % unter dem in der Tabelle auf S. 115 angeführten Ad-libitum-Verzehr zu halten. Über ein ausreichendes Angebot von Weide und/oder Grünfutter, welches für die Junggänseaufzucht dringend zu empfehlen ist, kann eine weitere Verringerung der Konzentratgaben um bis zu 15 % erreicht werden.

Im Abschnitt 11. Lebenswoche bis Eintritt Geschlechtsreife kann die Fütterung der Jungtiere extensiv und billig gestaltet werden, da ihr Wachstumspotenzial in diesem Alter nur noch gering ist. Als Futtermittel kommen jetzt ein Mischfutter mit einem geringen Energie- und Proteingehalt, Futtergetreide sowie in großem Umfang Weide, Gras und Grobfutter in Betracht. Der Rohfaseranteil der Tagesration kann von 3 auf 12 % erhöht werden. Die Anforderungen an die Gehaltswerte sind in etwa die gleichen wie im Mischfutter für nicht legende Gänse, das die Bezeichnung Zuchtgänsefutter II trägt (siehe S. 110).

Zartes Grün für Gössel

Als Tagesmengen für Konzentrate kommen je nach Weidefläche und -ertrag bzw. Höhe der Grobfutterzugabe 100 bis 200 g pro Tier in Betracht. Bei der Jungtierfütterung ergeben sich ohnehin viele Parallelen zur Zuchttierernährung während der Legeruhe. Weitere Fütterungshinweise können daher diesem Kapitel entnommen werden.

Keinesfalls darf die Futterrestriktion zu einem Durchhungern mit Unterernährung der Gänse führen, weil der damit verbundene Entwicklungsrückstand des Organismus später nicht mehr kompensiert werden kann und zu Leistungsdepressionen führt. Daher sind regelmäßige Gewichtskontrollen angebracht. Gewisse Anhaltspunkte kann dabei auch eine Beobachtung des Bauchwachstums bieten. Wammenbildung darf bei Jungtieren vor Beginn der Geschlechtsreife nicht auftreten. Sie ist ein deutliches Indiz für überschüssige Fetteinlagerung.

Fütterung der Mastgänse

Die Fütterung der Mastgänse richtet sich nach den angewendeten Mastverfahren, wie sie im Folgenden aufgeführt werden.

Frühmastgänse

Die Frühmast von Gänsen beruht auf der Ausnutzung des intensiven Jugendwachstums bis zur ersten Federmauser. Daher ist auch im Anschluss an die Aufzucht bis zum Ende der sehr kurzen Mastperiode eine recht energie- und proteinreiche Ernährung notwendig. Die Anfänge der Frühgänsemast gehen bereits in die 1920er-Jahre zurück. Zur damaligen Zeit wurden in der Gegend von Diepholz Frühmastgänse unter der Bezeichnung „Hamburger" gemästet. Es handelte sich dabei um Küken von der dort heimischen Diepholzer Rasse, die aus dem Herbstgelege geschlüpft und zu Weihnachten bereits flügge waren.

Das Schlachtalter wird durch den Beginn der ersten Federmauser begrenzt. Dieser liegt in Abhängigkeit von Genotyp, Geschlecht und Fütterung zwischen dem 56. und 70. Lebenstag. Zum Zeitpunkt der Schlachtung müssen die Mastgänse einerseits voll befiedert sein, dürfen aber andererseits mauserbedingt keinesfalls schon neue Federanlagen in Form von Stoppeln aufweisen, weil sonst eine einwandfreie Entfiederung beim Schlachten nicht möglich ist und die äußere Schlachtkörperqualität stark darunter leidet. Diese Konstellation bedingt, dass es bei der Ernährung von Frühmastgänsen gleichzeitig dem wirtschaftlichen Erfordernis auf eine hohe Mast- und Schlachtleistung sowie auf einen optimalen und einheitlichen Befiederungsstatus Rechnung zu tragen gilt. In Fütterungsversuchen konnte gefunden werden, dass überhöhter Energiegehalt und ein zu enges Energie-Protein-Verhältnis in der Futterration die Befiederungsabläufe sehr stark beeinträchtigen und das Auftreten von Stoppligkeit an den Schlachtkörpern begünstigen. Darauf wurden die Bedarfsnormen abgestimmt (siehe folgende Tabelle). Sie bauen auf die in der Tabelle auf S. 115 zusammengestellten Verzehrdaten mittelschwerer Gänse auf.

Energie- und Proteinbedarf von Frühmastgänsen eines mittelschweren Genotyps je Tier und Tag

Woche	MJ	verdauliches Rohprotein (g)	Lysin (g)	Methionin + Cystin (g)
4. bis 6.	2,06	25,1	1,51	1,21
7. bis 8.	3,10	37,8	2,27	1,81
9. bis 10.	3,56	43,2	2,60	2,08

Dementsprechend gelten für das Alleinfutter von Frühmastgänsen folgende Gehaltswerte:

- 12,0 MJ ME
- 17 % Rohprotein
- 0,84 % Lysin
- 0,67 % Methionin und Cystin
- 1,7 % Kalziumkarbonat
- 1,0 % Spurenelement-Vitamin-Prämix

Es entspricht in seiner Zusammensetzung dem Gänsegrower.

Der Kleinproduzent kann auch für die Frühgänsemast eigene Rationen zusammenstellen. Die Kalkulation von Mastmischungen ist anhand der in der Tabelle auf S. 106 f. mitgeteilten Gehaltswerte möglich. Als Grundlage können die Musterrationen aus der folgenden Tabelle dienen.

Beispielration für die Frühmast (g pro Tier und Tag)

Futtermittel	Lebenswoche		
	4. bis 6.	7. und 8.	9. und 10.
Gerste	50	50	50
Mais	50	50	50
Weizenkleie	30	100	100
Kartoffeln, gedämpft	100	100	200
Fischmehl	10	10	10
Sojaschrot	20	20	20
Magermilch	100	200	200
Grünfutter	100	100	100
Trockensubstanz	190	265	300
MJ ME	2,57	3,18	3,70
verdauliches Rohprotein	28	40	45
Lysin	1,6	2,3	2,8
Methionin + Cystin	1,3	1,8	2,1

Bereits daraus wird ersichtlich, dass Grünfutter und Ähnliches hier nur in einem sehr geringen Umfang einsetzbar ist, wenn die für hohe Masttagszunahmen erforderliche Nährstoffzufuhr erreicht werden soll. Eigene Untersuchungen ergaben, dass sich nur bei leichten Rassen über Grünfuttergaben eine Mischfuttereinsparung bis zu 25 % ohne Beeinträchtigung des Mastendgewichts erzielen lässt. Hervorzuheben ist dabei noch der positive Effekt des Grünfutters auf die Befiederung.

Das Mischfutter sollte den Frühmastgänsen in pelletierter oder feuchtkrümeliger Form ad libitum dargeboten werden. Für mittelschwere Genotypen liegt der Bedarf zwischen der 4. und 8. Woche bei 12,3 kg pro Tier und zwischen der 4. und 9. Woche bei 15,4 kg pro Tier. Unter Einbeziehung des mittleren Verzehrs an Starterfutter während der Aufzuchtperiode in Höhe von 2,8 kg pro Tier ergibt sich ein Gesamtverzehr von etwa 15 bzw. 18 kg pro Tier.

Jungmastgänse

Der Schlachtzeitpunkt für Jungmastgänse ist an die zweite Federmauser gekoppelt, welche im Alter von 15 bis 17 Wochen abläuft. Ungeachtet dieser gegenüber der Frühmast doppelt so langen Haltungsdauer sind die Ansprüche an die Ernährung kaum geringer, weil heutzutage schon von Schlachttieren dieser Mastform ein extrem hohes Endgewicht im Bereich von 6,5 bis 7,5 kg verlangt wird. Ein straffes Fütterungsregime ist deshalb notwendig. Als Modell dafür kann das in folgender Tabelle dargestellte Programm dienen.

Fütterungsprogramm für die Junggänsemast

Lebenswoche	Mischfutter je Tier und Tag (g)	je Tier gesamt (kg)	Grünfutter je Tier und Tag (g)	je Tier gesamt (kg)
1. bis 3.	140	3,0		-
4. bis 8.	200[1]	7,0	400	14,0
9. bis 13.	240[2]	8,5	500	18,0
14. bis 16.	ad libitum[3]	9,5	-	-
1. bis 16.		28,0	330	32,0

[1] Gösselstarterfutter 11 MJ ME/kg, 22 % Rohprotein; [2] Grower (Wachstumsfutter) 12 MJ ME/kg, 17 % Rohprotein; [3] Finisher (Endmastfutter) 12 MJ ME/kg, 14 % Rohprotein

Während der dreiwöchigen Aufzucht wird Gösselstarterfutter ad libitum gefüttert. Im Anschluss daran bis zur 13. Woche erfolgt rationierte Fütterung mit einem Grower-Mischfutter sowie mit Gras und/oder Weide auf der Grundlage der in dieser Tabelle angeführten Tagesmengen. Während der Phase der Endmast (14. bis 16. Lebenswoche) kommt nochmals ausschließlich Mischfutter (Finisher) ad libitum zum Einsatz. Steht hochwertiges Grünfutter zur Verfügung, so kann das Mischfutter zwischen der

7. und 13. Woche zu etwa einem Drittel durch Getreide ersetzt werden. Als positiver Nebeneffekt ergibt sich dabei die Abschwächung des Gehaltes an Abdominalfett und Unterhautfettgewebe im Schlachtkörper.

Der Bedarf an Mischfutter beläuft sich unter optimalen Bedingungen auf insgesamt etwa 28 kg und an Grünfutter auf etwa 32 kg pro Tier. Wird ausschließlich Mischfutter verabreicht, muss mit einem um 10 kg höheren Verzehr, das heißt mit einem Gesamtverbrauch von etwa 38 kg pro Tier gerechnet werden.

Spätmastgänse

Die Spätmast, teilweise auch als Langmast oder Fettmast bezeichnet, stellt die traditionelle Form der Gänsefleischerzeugung dar. Das Ziel besteht in der Produktion frisch geschlachteter Gänse als Festtagsbraten für Martini und vor allem für Weihnachten. Typisch für dieses Mastverfahren ist der ausgesprochen extensive Charakter der Produktion. Das Grundprinzip macht folgende Tabelle deutlich.

Zeitlicher Verlauf der Spätmast von Weihnachtsgänsen in Abhängigkeit vom Schlupftermin

	Schlupfwoche							
	18		22		26		30	
Abschnitt	Woche	Dauer	Woche	Dauer	Woche	Dauer	Woche	Dauer
Aufzucht	18-20	3	22-24	3	26-28	3	30-32	3
Weidehaltung	21-46	26	23-46	22	27-46	18	31-46	14
Ausmast	47-51	4	47-51	4	47-51	4	47-51	4
Gesamt		33		29		25		21

Woche = Kalenderwoche

Die Gänse werden bis kurz vor dem Zeitpunkt ihres Verzehrs gehalten, dann geschlachtet und sogleich frisch vermarktet. Daraus ergeben sich verhältnismäßig lange Haltungszeiten, die laut obiger Tabelle zwischen 21 und 33 Wochen betragen können. Eine wichtige Rolle spielt dabei der Schlupftermin der Küken. Zeitige Schlüpfe benötigen eine sehr lange Zeit bis zur Schlachtung, späte eine relativ kurze. Schlachtgänse dürfen jedoch keinesfalls die Geschlechtsreife erlangen, weil es dadurch zu Beeinträchtigungen der Schlachtkörperqualität kommt. Dieses Risiko besteht vor allem für zeitige Schlüpfe aus frühreifen Rassen.

Rahmenfütterungsprogramm für Spätmastgänse

Lebens-woche	Mischfutter		Getreide		Grünfutter oder Weide		
	pro Tier und Tag g	pro Tier und Ab-schnitt kg	pro Tier und Tag g	pro Tier und Ab-schnitt kg	pro Tier und Tag g	pro Tier und Ab-schnitt kg	Fläche pro Tier m²
1	70[1]	0,5	-	-	50	0,3	0,2
2	100[1]	0,7	-	-	150	1,1	0,7
3	110[1]	0,8	70	0,5	300	2,3	1,1
Zwischen-summe	-	2,0	-	0,5	-	3,5	2,0
4 und 5	50[2]	0,9	70	1,0	400	5,60	3,5
6 und 7	45[2]	0,6	70	1,0	600	8,40	5,5
8 bis 22	-	-	80	8,5	1000	87,5	84,0
Zwischen-summe	-	1,5	-	10,5	-	135,0	90,0
23 bis 26	-	-	500	14,0	-	-	-
Gesamt-summe	-	3,5	-	25,0	-	138,5	92,0

[1] Gänsestarterfutter, [2] Grower

Die dreiwöchige Aufzuchtperiode kann bereits etwas verhaltener verlaufen als bei Intensivmastverfahren, da den Gänsen bei der Spätmast eine lange Wachstumszeit zur Verfügung steht. Der Einsatz von Grünfutter bzw. Weide ist deshalb frühzeitig vordringlich. Zum einen wird auf diese Weise von vornherein eine Volumenvergrößerung des Verdauungstraktes bewirkt und damit der Grundstein für eine maximale Grünfutteraufnahme in späteren Wachstumsabschnitten gelegt. Zum anderen bietet sich damit eine erste günstige Gelegenheit zur Einsparung von Kraftfutter. Bei Nutzung von Grünfutter oder Weide besteht die Möglichkeit, bereits in der Kükenphase Gösselfutter restriktiv anzubieten. Der Aufwand kann im Vergleich zu ausschließlicher Konzentratfütterung um 0,45 kg pro Tier verringert werden. Als Kompensation dafür sind 3,5 kg Grünfutter oder 2,5 m² Weidefläche anzusetzen.

Zwischen 4. und 8. Lebenswoche erfolgt eine Übergangsfütterung mit Gänsegrower und Getreide. Daran schließt sich die längste und charakteristische Phase des Spätmastverfahrens an, die extensive Weide- oder Magergänsehaltung. Hier ist nur ein langsames Wachstum ohne Fettansatz gefordert. Hunger darf jedoch dabei nicht auftreten, weil sonst das Wachstum der Tiere auf Kosten geringer Mastendgewichte frühzeitig beendet wird. Hungern widerspricht darüber hinaus den Prinzipien tiergerechter Nutztierhaltung. Um die Gänse wirtschaftlich über die lange Haltungsperiode zu bringen, muss ausreichend gutwüchsiges Grünland vorhanden sein. In Zeiten geringen Aufwuchses können Feldfutter, Zwischenfrüchte oder Silage als Ergänzungsfutter dienen. Anstelle von Grünland lassen sich auch Mais- oder Sonnenblumenfelder als Auflauf und preiswerte Futterquelle für Spätmastgänse nutzen.

Etwa vier Wochen vor dem Schlachttermin schließt die Weidehaltung ab und es beginnt die Ausmast der Magergänse. Die Tiere müssen zu diesem Zeitpunkt 82 bis 85 % des geplanten Mastendgewichtes erreicht haben. Das bedeutet, dass für eine 7 kg schwere Mastgans das Körpergewicht zu Beginn der 4-wöchigen Ausmast im Bereich 5,8 bis 6 kg liegen muss. Im Interesse maximaler Zunahmen und einer günstigen Mastkondition werden nur noch ausschließlich Getreide und/oder Mischfutter ad libitum gegeben. Die Gänse entwickeln nach der extensiven Weideernährung eine ungeheure Fresslust. Es kann daher während der Ausmast mit einem mittleren Tagesverzehr von 400 bis 500 g pro Tier gerechnet werden bzw. mit einem Gesamtbedarf an Konzentraten in Höhe von etwa 14 kg. Daneben besteht die Möglichkeit, einen Teil davon durch energiereiche Hackfrüchte zu ersetzen.

Während der Endmast ist die Bewegungsmöglichkeit für die Gänse einzuschränken, damit sie auf das gewünschte Gewicht kommen. Es darf kein oder nur sehr begrenzt Auslauf gewährt werden. Positiv auf die Zunahmen während der Endmast wirken sich ebenfalls die Bereitstellung von Behelfsunterkünften für die Nacht sowie die Begrenzung der Herdengröße auf eine Anzahl von 250 Tieren aus.

Der Bedarf an Konzentraten für eine 7 bis 8 kg schwere Spätmastgans beläuft sich auf etwa 30 kg, wobei ein Großteil davon durch Getreidekorn abgedeckt werden kann. Mit dieser im Verhältnis zur langen Haltungsdauer relativ geringen Kraftfuttermenge ist jedoch nur dann auszukommen, wenn ausreichend Grünfutter, am besten in Form von Weide, zur Verfügung steht. Der mittlere Bedarf liegt hierfür bei etwa 140 kg Grünmasse je Tier, was bei einem Ertrag von 150 dt/ha einer Weidefläche von 95 m^2 je Gans bzw. einem Hektarbesatz von 105 Gänsen entspricht.

Die meisten Empfehlungen in der Literatur liegen deutlich unter dem letztgenannten Wert. Dabei wird jedoch nicht primär von der Ertragsfähigkeit der Weide ausgegangen, sondern von deren starker Beanspruchung durch die Gänse. Gänse haben einen ausgesprochen tiefen Verbiss und setzen einen stark ätzenden Kot ab, sodass ein größeres Risiko für die Beschädigung der Grasnarbe besteht und für die Entstehung eines einseitigen Pflanzenbestandes. Heutzutage kann dieser Gefahr durch die Anwendung des Portions- und Umtriebsweideverfahrens mittels Elektrozauntechnik wirksam begegnet werden. Unter diesen Voraussetzungen ist es möglich, den Hektarbesatz von der Ertragsfähigkeit der Fläche aus zu bestimmen.

Brut

Bruteiqualität

Eine hohe Bruteiqualität ist die Voraussetzung für die Schlupffähigkeit. Nur aus biologisch hochwertigen und gesunden Gänseeiern können leistungsfähige Küken schlüpfen. Deshalb müssen alle züchterischen, ernährungsphysiologischen, haltungstechnischen und veterinärhygienischen Maßnahmen auf diese Zielstellung ausgerichtet sein. Charakterisiert wird die Bruteiqualität durch äußere und innere Merkmale.

Zu den äußeren Merkmalen gehören:
- Sauberkeit
- Eigröße
- Eiform
- Schalendicke

Merkmale für die innere Bruteiqualität sind:
- Befruchtung
- Schlupffähigkeit

Sauberkeit

Eine wichtige, aber noch häufig unterschätzte Anforderung ist die Sauberkeit der Eier. Verschmutzte und verkotete Eischalen sind ein günstiger Nährboden für Erreger aller Arten, die von hier aus auch in das Eiinnere eindringen können.

Zudem kommt es zur Verstopfung der Poren, sodass der Gasaustausch zwischen Eiinnerem und Umgebung gestört und eine normale Embryonalentwicklung verhindert wird. Auf eine einwandfreie und saubere Bruteigewinnung ist daher größter Wert zu legen. Fallen trotzdem vereinzelt Schmutzeier an, sind sie umgehend zu reinigen. Ein Ausschluss von der Brut ist in Anbetracht der geringen Legeleistung der Gänse nicht vertretbar und bei sachgemäßer Reinigung auch nicht erforderlich.

Eigröße

Als weiteres wichtiges äußeres Qualitätsmerkmal ist die Eigröße zu nennen, die mithilfe des Einzeleigewichtes gemessen wird. Sie ist von Einfluss auf die Schlupffähigkeit und die Brutdauer sowie auf die Größe und das postnatale Wachstum der Küken (siehe Tabelle S. 128).

Je nach Rasse und Alter schwankt das Eigewicht bei Gänsen zwischen 120 bis 230 g. Vom zweiten Legejahr an sind die Eier 5 bis 10 % schwerer als im ersten. Ausgehend vom jeweiligen Standard bringen zu große und zu kleine Eier schlechtere Schlupfergebnisse als durchschnittlich große, weil bei diesen ein Missverhältnis zwischen Eiweiß, Dotter und Schalenoberfläche besteht, das Störungen in der Embryonalentwicklung verursachen kann. Abweichungen in Höhe von ± 15 % vom jeweiligen Rassedurchschnitt sind vertretbar.

Außerdem bestehen positive Beziehungen zwischen Eigröße und Brutdauer. Eine Gewichtsdifferenz von 20 bis 30 g bewirkt eine Verschiebung des Schlupfzeitpunktes um sechs bis acht Stunden. Deshalb ist anzustreben, die Eier nach Größenklassen getrennt in verschiedenen Apparaten zu brüten, zumal dann auch die Brutfaktoren auf die verschiedenen Oberflächenverhältnisse abgestimmt und Schlupfdepressionen vermindert werden können.

Eine weitere Möglichkeit besteht in einer zeitlich vorgezogenen Einlage der großen Eier. Diese Maßnahmen sind allerdings nur für Großbrütereien praktisch relevant.

Wirtschaftliche Bedeutung kommt der Eigröße nicht zuletzt im Hinblick auf eine angemessene Größe der Zucht- und Mastgössel zu, denn es bestehen enge positive Beziehungen zwischen Gewicht des Bruteies und Schlupfgewicht des Gössels (siehe Tabelle S. 128).

Aus schweren Eiern schlüpfen große und aus leichten kleine Küken. Da große, kräftige Gössel bessere Startvoraussetzungen mitbringen als kleinere, hält dieser durch die Mutter bedingte Effekt auch nach dem Schlupf noch an.

Ungeachtet dessen, dass diese Beziehung mit fortschreitendem Alter unbedeutend wird, sollte der Anteil kleiner Eier stets so gering wie möglich gehalten werden. Das lässt sich vor allem durch Züchtung und Fütterung sowie bei einjährigen Gänsen zusätzlich durch Einhalten des Mindestalters zu Legebeginn gewährleisten. Der Anfall zu großer Eier kann auf züchterischem Wege reguliert werden.

Doppeleier, die durch die gleichzeitige Ovulation von zwei Dotterkugeln entstehen, sind für Brutzwecke nicht geeignet. Es kommt zwar bei der Bebrütung auch in diesen Eiern zunächst eine Embryonalentwicklung in Gang, sie hört aber in einem frühen Stadium bereits wieder auf, sodass keine Küken daraus schlüpfen. Gehäuftes Auftreten von Doppeleiern lässt auf eine zu starke Stimulierung der Legetätigkeit schließen (zu früher Legebeginn, überhöhte Eiweißgaben, zu lange Beleuchtung). Außerdem besteht eine erbliche Disposition für diese Abnormität, sodass Familien mit gehäuftem Auftreten von Doppeleiern von der Zucht ausgeschlossen werden können. Eine gewisse Häufung ist bei Gänsen sehr schwerer Rasse oder Linien zu beobachten.

Beziehungen zwischen Eigröße und Lebendgewicht bei Italienischen Gänsen (nach Bielinska)

	Lebenstag		
	1.	21.	84.
Korrelationskoeffizient (r)			
männlich	0,87	0,76	0,34
weiblich	0,81	0,74	0,49
Regressionskoeffizient (b, in g)			
männlich	0,62	14,58	7,62
weiblich	0,57	11,38	9,68

Eiform

Wenig Bedeutung ist der Form der Bruteier beizumessen. In eigenen Brutversuchen konnte festgestellt werden, dass zwar auch bei Gänsen sehr unterschiedlich geformte Bruteier anfallen, diese aber in ihrer Schlupffähigkeit lediglich geringe Differenzen aufweisen. Daher sind tatsächlich nur extrem spitze und kugelige sowie anderweitig missgebildete Eier als brutuntauglich anzusehen und auszusondern.

Schalendicke

Einen größeren Einfluss auf das Schlupfergebnis hat die Schalendicke. Sie steht in negativer Beziehung zur Brüchigkeit der Gänseeier. Eine zu dünne Schale führt zu Knick- und Brucheiern. Beim Brüten bewirken zu dünne Schalen einen erhöhten Feuchtigkeitsverlust aus dem Eiinneren, was zu erheblicher Schwächung der Embryonen führt. Außerdem soll in dünnschaligen Eiern der Kalziumstoffwechsel des Embryos gestört sein. Gemessen wird die Schalendicke direkt mithilfe einer Mikrometerschraube oder Dickenmessuhr. Mit durchschnittlich 0,58 mm liegt sie bei Gänseeiern sehr hoch, und zwar um fast das Doppelte von Hühnereiern. Darauf ist unter anderem die geringere Lichtdurchlässigkeit der Schale beim Schieren der Gänseeier zurückzuführen. Da zur Dickenmessung nach vorgenannten Methoden das Ei aufgebrochen werden muss, wendet man häufig als indirektes Maß die Dichte der Eier an. Sie kann durch Schwimmprobe des Eies in geeichten Kochsalzlösungen mit abgestufter Dichte bestimmt werden. Die Brutfähigkeit bleibt dabei voll erhalten. Dichte und Schalendicke stehen in enger positiver Beziehung. In eigenen Versuchen zeigte sich ein geradliniger Rückgang der Schlupfergebnisse mit sinkender Eidichte. So schlüpften aus dünnschaligen Eiern 8 bis 14 % Küken weniger als aus solchen mit normalen und dicken Schalen. Als Mindestanforderung für Gänseeier gilt eine Dichte von 1,096 g/cm^3.

Mängel in der Schalenqualität treten vor allem in der zweiten Hälfte der Legeperiode auf. Diesem kann durch optimale Versorgung der Zuchttiere mit Kalzium, Phosphor, Mangan, Zink und Vitamin D weitgehend vorgebeugt werden. Hin und wieder gibt es auch Zuchtgänse, die trotzdem und gehäuft Eier mit Schalendefekten legen. Solche Gänse sollten von der Weiterzucht ausgeschlossen werden. Eier mit dünner und poröser Schale sowie Eier mit defekter Schale sind zur Brut ungeeignet. Schließlich kann es auch krankheitsbedingt zu Dünnschaligkeit kommen.

Luftkammer

Die Beschaffenheit der Luftkammer kann vor der Einlage mithilfe einer Schierlampe geprüft werden. Eier mit verlagerter, beweglicher oder extrem großer Luftblase gelten als brutuntauglich. Befindet sich die Luftkammer nicht am stumpfen Pol des Eies, so ist es dem Küken nicht möglich, beim Schlupf die Kalkschale zu durchbrechen. Diese Abnormitäten können bereits durch Störungen am Ende des Eibildungsprozesses, durch zu lange oder falsche Lagerung sowie unsachgemäßen Transport entstehen. Die Luftblase vergrößert sich mit zunehmender Wasserverdunstung aus dem Eiinneren. Eine überdimensionierte Luftkammer ist daher ein sicheres Anzeichen für ein zu lange gelagertes bzw. zu altes Ei. Gehäuftes Auftreten von falsch positionierten oder wandernden Luftblasen lässt auf verpilzte Futtermittel schließen, da Fusarientoxine durch Schädigung der Schalenhäute eine normale Luftkammerbildung, welche unmittelbar nach der Eiablage erfolgt, verhindern. Ähnliche Abnormitäten zeigen sich bei Verfütterung großer Mengen Zuckerrüben. Hingegen werden später auftretende Luftkammerveränderungen zumeist durch Lagerung der Bruteier auf dem stumpfen Eipol und/oder durch starke Erschütterungen während eines Transportes hervorgerufen.

Befruchtung

Die Befruchtung stellt neben der Schlupffähigkeit das wichtigste und wirtschaftlich bedeutsamste innere Qualitätsmerkmal der Bruteier dar. Feststellbar von außen ist sie über das Durchleuchten der Eier mit einer Schierlampe. Befruchtete Eier weisen im Zentrum ein vom Dotter ausgehendes spinnenartiges Netz von roten Blutgefäßen auf. Dieses ist bei ausgebliebener Befruchtung nicht vorhanden. Unbefruchtete Eier erscheinen daher beim Durchleuchten klar. Allerdings lässt sich nach dieser Methode eine Befruchtung erst nach 7- bis 10-tägiger Bebrütung mit 100 %iger Sicherheit feststellen. Am unbebrüteten Ei kann ein Befund ausschließlich mittels Beurteilung der auf dem Dotter liegenden Keimscheibe erhoben werden. Zu diesem Zweck ist ein Öffnen des Eies notwendig. Außerdem setzt die Anwendung und Nutzung dieser Methode entsprechende Fachkenntnisse voraus.

Auf die Höhe des Befruchtungsergebnisses haben zahlreiche Faktoren Einfluss. Größere Unterschiede ergeben sich bereits aus der Rassezugehörigkeit. Der differenzieren Befruchtungskapazität der Ganter unterschiedlichen Genotyps muss durch die Wahl des richtigen Anpaarungsverhältnisses entsprochen werden.

Als optimal gelten für Zuchtstämme
- leichter Rassen 1 : 6 bis 7
- mittelschwerer Rassen 1 : 5 bis 6
- schwerer Rassen 1 : 3 bis 4

In Herden sollte das Verpaarungsverhältnis etwas enger sein. Ein zu hoher Ganterbesatz wirkt sich genauso nachteilig auf das Befruchtungsergebnis aus wie ein zu geringer. Befinden sich zu viele männliche Tiere in einer Herde, so kommt es zu Beeinträchtigungen des Paarungsvorganges infolge von Rivalitätskämpfen. Weiterhin ist es wichtig, dass Ganter zu Beginn der Zuchtperiode ihre volle Befruchtungspotenz besitzen. Sie dürfen keinesfalls zu jung sein. Die Zuchtreife wird je nach Rasse zwischen acht und elf Monaten erreicht. Starke Inzucht kann das Befruchtungsvermögen der Ganter herabsetzen, während bei Kreuzungstieren leistungssteigernde Effekte durch Heterosis zu erwarten sind. Eine große Rolle spielt für die Befruchtung auch das individuelle Paarungsverhalten.

Der Erblichkeitsgrad liegt für das Befruchtungsergebnis mit 0,05 bis 0,15 sehr niedrig. Zu 85 bis 95 % hängt also das Resultat von Umweltfaktoren ab. Eine direkte Selektion auf Befruchtungsleistung verspricht daher

Schwimm- bzw. Badegelegenheit begünstigt bei schweren Rassen das Befruchtungsergebnis.

im Rahmen von Reinzucht nur eine geringe Wirkung. Deshalb sucht man nach anderen objektiven Komponenten von höherem Erblichkeitsgrad. Als gut geeignet gelten wegen ihrer guten Vererbbarkeit Eigenschaften der männlichen Befruchtungskapazität wie Ejakulatsvolumen, Spermienkonzentration und Spermienbeweglichkeit. Da unter den Bedingungen der natürlichen Verpaarung ein linearer Zusammenhang mit dem Befruchtungsergebnis nicht zustande kommt, bleiben die Aussichten auf Leistungsverbesserung selbst bei dieser Selektionsstrategie gering. So erzielen Ganter mit sehr guten Spermaeigenschaften nicht zwangsläufig auch hohe Befruchtungsergebnisse. Das hängt damit zusammen, dass bei natürlicher Verpaarung zusätzlich auch Paarungsverhalten und geschlechtliche Aktivität einen großen Einfluss darauf ausüben. Effizient für das Befruchtungsergebnis wird daher eine Selektion auf Spermamenge und -qualität in erster Linie im Rahmen von Besamungszucht. Diese spielt jedoch in der Züchtungspraxis der Gänse bislang überhaupt keine Rolle, weil das Verfahren der künstlichen Besamung hier aufgrund artspezifisch bedingter fortpflanzungsbiologischer Besonderheiten noch nicht zu einer Routinemethode entwickelt werden konnte. Mehr Erfolg verspricht im Hinblick auf eine züchterische Verbesserung der Befruchtung die Selektion nach Trethäufigkeit der Ganter.

Aus der Sicht der Ernährung spielen die Vitamine E und A sowie das Spurenelement Zink eine herausragende Rolle im Befruchtungsgeschehen.

Bezüglich Vitamin E, das früher auch als Antisterilitätsvitamin bezeichnet wurde, führt ein Mangel zu Degeneration des Hodengewebes und zu Ausfällen in der Spermabildung. Allerdings tritt Unterversorgung in herkömmlichen Futtermitteln, zum Beispiel Mais, Fischprodukten oder aufgefettetem Mischfutter, entstehen. Bei akuten Mangelerscheinungen muss synthetisches Vitamin E verabreicht werden.

Vitamin A übernimmt wichtige Funktionen bei der Bildung der männlichen Geschlechtshormone sowie bei der Spermatogenese in den Hoden. Daraus ergibt sich ein Zusammenhang zwischen Vitamin-A-Versorgung und Befruchtungsleistung. Ungeachtet dessen liegt der Bedarf für Ganter nicht höher als für Gänse. Folglich sind unter Einhaltung der im Abschnitt „Fütterung und Ernährung" mitgeteilten Mindestgehalte für Zuchtgänsefutter Mangelsituationen wenig wahrscheinlich. Hinzu kommt, dass Gänse im Vergleich zu anderen Geflügelarten herkömmlich größere Mengen an karotinreichen Futtermitteln in Form von Grünfutter und Ähnliches aufnehmen.

Aus der Gruppe der Spurenelemente wird Zink eine spezifische Bedeutung für die Befruchtung zugeschrieben, weil es ähnlich dem Vitamin A wichtige Aufgaben bei der Spermabildung zu erfüllen hat. Eine Unterversorgung kann zu Befruchtungsdepressionen führen. Normalerweise ist Zink im Futter ebenfalls ausreichend enthalten. Risiken ergeben sich vor allem aus Wechselwirkungen mit anderen Mineralstoffen. So blockieren überhöhte Gaben an Kalk und Phosphor die Zinkresorption im Tierkörper **131**

Die Weideaufzucht der Jungtiere ist die Basis für gute Zuchtkondition.

und verursachen auf indirektem Wege einen Mangel. Reichliche Verabreichung von Rapsextraktionsschrot soll ähnlich negative Folgen haben.

Einen nachhaltigen Einfluss kann Fütterung auf die Befruchtung über die Zuchtkondition ausüben. Ganter dürfen im Interesse einer hohen Geschlechts- und Paarungsaktivität nicht zu schwer werden und vor allem nicht verfetten. Starke Fetteinlagerungen in Körper- und Organgewebe führen zur sogenannten Maststerilität. Deshalb muss bereits während der Aufzuchternährung von zur Zucht bestimmten Tieren darauf geachtet werden, dass es nicht zu einem Überangebot an Nahrungsenergie kommt. Diese Gefahr besteht für Ganter ebenso in der Fortpflanzungsperiode, weil sie hier einen wesentlich niedrigeren Leistungsbedarf haben als die weiblichen Gänse. Aufgrund dessen legen sie bei Ad-libitum-Fütterung in einer Legeperiode um bis zu 2 kg an Gewicht zu, währenddessen die Gänse um 0,2 bis 0,6 kg abnehmen. Die Folge davon sind nachlassende Befruchtungsraten, vor allem im letzten Drittel der Brutsaison.

Zu ernährungsbedingt drastischen Befruchtungsstörungen kann es durch mit Schimmelpilz befallene Futtermittel kommen. Da es sich dabei vor allem um Toxine der Pilzgattungen *Aspergillus* und *Fusarium* handelt, ist eine solche Verpilzung äußerlich kaum wahrzunehmen oder festzustellen, sondern nur über spezielle Untersuchungen herauszufinden. Somit besteht die große Gefahr, dass sie als Ursache zu spät oder überhaupt nicht erkannt wird.

Auch Krankheiten können bei Befruchtungsdepressionen eine Rolle spielen. Ausfälle größeren Ausmaßes entstehen von Zeit zu Zeit durch die Penis-/Kloaken-Entzündung. Zwecks Diagnose sind unmittelbar zu Beginn jeder Saison zuchthygienische Untersuchungen unabdingbar. Erkrankte Ganter weisen entzündliche Prozesse am Penis auf. Später kommt es zum

Absterben des Organgewebes. Weibliche Tiere sind ebenfalls in diese Genitalkontrolle einzubeziehen, weil diese Krankheit hier Entzündungen an der Kloake verursacht. In betroffenen Herden sinkt die Befruchtungsleistung steil ab, denn die Erkrankung greift schnell um sich. Sie gilt als eine Faktorenkrankheit mit mikrobieller Beteiligung. Ein krankheitsauslösender Erreger konnte noch nicht gefunden werden. Infolgedessen ist eine gezielte Bekämpfung bis jetzt kaum möglich. Seitens des Veterinärwesens werden allgemein gesundheitsstabilisierende Maßnahmen, wie Einhaltung von Hygiene und Vermeidung von Stress, empfohlen. Ungeachtet dessen ist bei Krankheitsverdacht oder -ausbruch unbedingt ein Tierarzt zu konsultieren.

Relativ wenig ist über den Einfluss des Klimas auf die Befruchtung bekannt. Aufgrund neuerer Untersuchungsbefunde muss angenommen werden, dass analog zu weiblichen Gänsen fortpflanzungsphysiologisch dem Licht eine größere Bedeutung zukommt. In Versuchen konnte ein enger Zusammenhang zwischen Beleuchtungsdauer einerseits sowie Besamungseignung, Ejakulatsvolumen und Spermaqualität andererseits festgestellt werden (siehe folgende Tabelle). Wie bei der Legeleistung der Gänse erweist sich ein kurzer Lichttag als beste Variante.

Einfluss der Beleuchtungsdauer auf Spermaproduktion und -qualität von Gantern (nach Bielinski)

Lichttag	Besamungs-eignung (%)	Volumen (ml)	Konzentration (Mio./ mm^3)	Besamte Gänse je Ejakulat
natürlich	70	0,22	0,233	3
10 Stunden	87	0,24	0,414	6
12 Stunden	78	0,25	0,317	5
14 Stunden	56	0,21	0,304	4

Hinsichtlich der Temperatur wurde festgestellt, dass die Paarungsaktivität der Ganter bei unter minus 2 °C und über plus 25 °C erheblich nachlässt.

Umstritten ist nach wie vor die Wirkung einer Schwimmgelegenheit auf das Befruchtungsergebnis, obwohl bereits in früheren Untersuchungen ein gesicherter Einfluss nicht nachgewiesen werden konnte. Jedoch muss dabei berücksichtigt werden, dass die einzelnen Rassen in dieser Hinsicht unterschiedlich reagieren.

Einfluss des Schwimmwassers auf das Befruchtungsergebnis (nach Rodewyk)

Haltungsform	Anzahl Betriebe	Befruchtungsergebnis in %
ohne Wasser	8	80
Badebecken	6	76
Schwimmwasser	6	84

133

Schlupffähigkeit

Die Schlupffähigkeit lässt sich routinemäßig weder direkt noch indirekt an einem Ei in unbebrütetem Zustand bestimmen. Gewisse Informationen darüber kann zwar eine Untersuchung der Keimscheibe liefern, sie setzt aber ein Öffnen des Eies voraus. Das Gleiche trifft auf die Nähr- und Wirkstoffausstattung des Eies zu, die für Vitalität und Entwicklung des Embryos eine große Bedeutung hat. Deshalb müssen Zucht, Fütterung und Haltung so gestaltet sein, dass von vornherein eine hohe Schlupffähigkeit garantiert ist.

Bruteier von ingezüchteten Eltern besitzen im Allgemeinen eine herabgesetzte Schlupffähigkeit aufgrund des sehr niedrigen Erblichkeitsgrades des Merkmals. Mithilfe von Kreuzungszucht ist eine sofortige Verbesserung möglich.

Bei der Fütterung von Zuchttieren gilt es, vor allem auf eine ausreichende Vitamin- und Mineralstoffzufuhr zu achten. Neben dem bereits im Zusammenhang mit der Befruchtung behandelten Vitamin A hat der Vitamin-B-Komplex wichtige Stoffwechselfunktionen in der Embryonalentwicklung zu erfüllen.

Eine Unterversorgung mit Vitamin B_2 (Riboflavin) führt zum Frühabsterben der Embryonen sowie zu Lebensschwäche bei den Küken, die meist eine derbe Beschaffenheit und unzureichende Rückbildung des Dottersackes aufweisen. Pantothensäuremangel verursacht ähnliche Defekte und darüber hinaus Wachstumsdepressionen. Ist im Ei nicht ausreichend

Saubere Einstreu im Stall und im Legenest ist eine wichtige Voraussetzung für hohe Bruteiqualität.

Vitamin B_{12} enthalten, äußert sich dies im Spätabsterben und Steckenbleiben der Embryonen. Als Hauptträger dieser B-Vitamine können Fischmehl, Magermilch, Molke und Hefe genannt werden. Blattreiche Grünfutterpflanzen sind weitere Quallen für Vitamin B_2 und Fischprodukte für Vitamin B_{12}.

Von den Spurenelementen besitzt analog zur Befruchtung Zink eine zentrale Bedeutung. Embryonalsterblichkeit, Beinschwäche und Bewegungsunfähigkeit sind typische Zinkmangelsymptome. In Rationen mit hohem Gerste- und Maisanteil kann es zur Unterversorgung mit dem Spurenelement Mangan kommen. Störungen in der Knorpelbildung und Embryonaltod treten als Folgeschäden auf.

Aus polnischen Untersuchungsergebnissen wurde bekannt, dass einseitige Zuckerrübenfütterung zu erheblichen Veränderungen des Eiinneren führt. In erster Linie wird davon das Eiklar betroffen, indem sich seine Konsistenz stark verringert. Daneben zeigen sich gehäuft Verlagerungen und Bewegungen der Luftkammer. Zuckerrübengaben sollten daher 300 g pro Tier und Tag nicht übersteigen.

Die von verpilztem Futter auf die Fortpflanzungsleistung ausgehenden Schadwirkungen beeinträchtigen auch das Schlupfergebnis in Form von hoher Embryonalsterblichkeit. Näher wurde darauf bereits im Kapitel „Befruchtung" eingegangen.

Großen Schaden erleiden Schlupffähigkeit und Kükenqualität häufig durch erregerbedingte Krankheiten. Im Ei finden Erreger einen sehr günstigen Nährboden für ihre Entwicklung und Ausbreitung, was während der Brut durch die höheren Temperaturen noch verstärkt wird. Das Brutei stellt somit ein bedeutendes Glied in der Infektionskette dar. Die Erreger können entweder auf direktem Wege über Eierstock und Eileiter in das Ei gelangen oder indirekt durch Kontamination der Eischale nach dem Legen.

Die direkte Infektion kommt bei Pullorum-Seuche, Salmonellose, Gänsepest und Influenza vor. Häufiger tritt jedoch die indirekte Ansteckung über Schmierinfektionen auf.

In infizierten Bruteiern muss mit einer hohen Embryonalsterblichkeit gerechnet werden. Aufgrund des im Brutverlauf zunehmenden Infektionsdruckes häuft sie sich in der zweiten Hälfte der Brut. Es kann aber auch noch zum Schlupf kommen. Dann sind die Küken oft lebensschwach und selbst Träger und Ausscheider der Erreger. Derartige Gössel weisen zumeist eine ungenügende Resorption sowie eine Infektion des Dottersackes auf, was sich klinisch in Verdickungen und Entzündungen äußert und zu Vergiftungen und Totalverlust führt. Die überlebenden Gössel zeigen Wachstums- und Entwicklungsstörungen.

Die infektiös bedingten Schlupfdepressionen können durch Vitamin- und Mineralstoffmangel begünstigt werden, weil dann die bakterizide Wirkung des Eiklars sehr stark nachlässt.

Bruteigewinnung

Bei der Gewinnung und Behandlung der Bruteier ist stets davon auszugehen, dass es sich um ein lebendes Material handelt. Die Entwicklung des Keimlings beginnt bereits im Ovidukt des weiblichen Tieres, sofern das Ei befruchtet ist.

Die Teilungsschritte in der Keimscheibe verlaufen hier bis zum VielZellen-Stadium. Nach dem Legen wird diese Entwicklung unterbrochen, wenn die Lagertemperatur unter den sogenannten physiologischen Nullpunkt sinkt, der bei 20 bis 21 °C liegt. Die Bruteier müssen so behandelt werden, dass eine hohe Vitalität und Überlebensrate der in der Entwicklung ruhenden Keime erhalten bleibt.

Für eine einwandfreie Bruteigewinnung spielen Bau, Anordnung und Pflege der Nester eine wichtige Rolle. Die Nester sind möglichst an einer dunklen und ruhigen Stelle des Stalles zu installieren, und zwar mindestens zwei bis drei Wochen vor Legebeginn. Wird dieser Ratschlag nicht befolgt, kommt es häufig zum Verlegen der Eier im Stall und Auslauf.

Um ein Verschmutzen der Eier zu verhindern, muss die Nesteinstreu trocken und sauber sein. Das erfordert einen regelmäßigen Wechsel im Rhythmus von etwa sieben Tagen. Der Sauberhaltung der Eier dient auch eine einwandfreie Beschaffenheit von Stalleinstreu und Auslaufflächen. Um zu verhindern, dass die Gänse mit ihren Paddeln zu viel Schmutz in die Nester tragen, kann den Legenestern ein Streifen aus Metallrosten vorgelagert werden.

Individuelle Legeleistungskontrolle in geschlossenen Nestboxen

Unbedingt ist darauf zu achten, dass die Eier unmittelbar nach dem Legen und während der Lagerung vor Frost geschützt bleiben. Temperaturen von unter 0 °C führen je nach Höhe und Einwirkungszeit zur Schwächung oder zum Tod des Embryos. Derart geschädigte Eier zeigen sich beim Schieren als klar. Dem Schutz vor Frost und der Qualität dient ein tagsüber mehrmaliges Absammeln.

Müssen Bruteier transportiert werden, gilt es, stärkere Erschütterungen zu vermeiden. Diese bewirken eine Verlagerung der Luftkammer. Bei größeren Transportentfernungen empfiehlt sich ein Anbrüten der Eier. In Versuchen erbrachten 18 bis 22 Stunden bebrütete und anschließend zwei Stunden bei 13 °C gekühlte Eier nach 50 bis 96 Stunden Transport um 4 bis 8 % höhere Schlupfergebnisse als die unbehandelten Kontrollen.

Reinigung

Trotz aller Vorkehrungen für die Gewinnung sauberer Bruteier kann bei Wassergeflügel eine Schalenverschmutzung nicht grundsätzlich ausgeschlossen werden. Ganz wichtig ist dann, dass die nötige Säuberung der Bruteier bald nach dem Legen erfolgt sowie schonend und sachgerecht durchgeführt wird, damit die Schlupffähigkeit im vollen Umfange erhalten bleibt.

Ein leichtes trockenes Abreiben oder Abkratzen der Eischale stellt kaum eine Gefahr dar, reicht aber in der Regel nur für das Entfernen geringer Verschmutzungen aus. Bei Auftreten stärkerer Verunreinigungen ist ein mechanisches Reinigen nicht mehr angebracht, weil aufgrund des intensiveren Einwirkens die der Kalkschale äußerlich anhaftende Oberhaut verletzt wird und ihre bakterizide und physikalische Funktion verloren geht. In diesem Falle ist ein Waschen der Bruteier erforderlich. Im Interesse einer hohen Reinigungswirkung kommt dafür nur warmes Wasser in Betracht.

Besondere Beachtung verdient hierbei die Einhaltung der richtigen Wassertemperatur. Erstens muss sie unter der Höchstgrenze von 40 °C und zweitens stets über dem jeweiligen Temperaturniveau der Eier liegen. Letzteres ist notwendig, um eine Ausdehnung des Eiinhaltes und damit ein Druckgefälle von innen nach außen herbeizuführen. Das bildet die Voraussetzung dafür, dass Waschwasser nicht in das Innere der Eier eindringen kann.

Von ausschlaggebender Bedeutung für das Waschergebnis ist außerdem eine ausreichende Menge an Wasser sowie dessen regelmäßige Erneuerung. Für größere Brütereien gibt es spezielle Eierwaschmaschinen sowie Waschmittel mit reinigender und desinfizierender Wirkung.

Insgesamt gesehen gelten gewaschene Bruteier ähnlich wie nass desinfizierte als weniger lagerfähig. Sie sollten daher spätestens nach fünf Jahren zur Einlage in den Brutapparat gelangen. Problematisch ist das Aufbewahren von gewaschenen Eiern überhaupt. Wegen noch anhaftenden Restwassers kann sich unter den im Eierlagerraum vorherrschenden feuchtkühlen Klimabedingungen unbemerkt Schimmel auf der Eischale bilden.

Desinfektion

Zweckmäßigerweise lässt man der Reinigung der Eier sofort eine Desinfektion folgen. Je frühzeitiger nach der Eiablage eine Keimbesiedlung der Eischale unterbrochen und beseitigt wird, desto geringer ist das Infektionsrisiko. Als wirksamste Methode hat sich die Begasung mit Formaldehyd erwiesen. In Anbetracht der in letzter Zeit zunehmend geäußerten Bedenken hinsichtlich gesundheitlicher Risiken bei der Anwendung gelten jedoch in diesem Fall die gleichen Einschränkungen wie bei der Verwendung von Formalin zur Stalldesinfektion (siehe Kapitel „Gesunderhaltung").

Fehlen die Voraussetzungen für eine Formalinbegasung, kann auch eine Tauchdesinfektion vorgenommen werden, zum Beispiel mit Peressigsäure. Es kommt dabei allerdings sehr auf die exakte Einhaltung der vorgeschriebenen Konzentration an. Wie beim Waschen der Bruteier ist außerdem die richtige Temperatur der Desinfektionslösung besonders zu beachten.

Lagerung

Von größter Bedeutung bei der Lagerung ist die Temperatur. Sie sollte unbedingt unter dem bei 20 bis 21 °C liegenden physiologischen Nullpunkt gehalten werden. Dies ist besonders wichtig bei zunehmender Lagerungsdauer, denn zwischen Temperatur und Aufbewahrungszeit bestehen enge Wechselwirkungen. Als optimal gelten für die praxisübliche Lagerung bis zu sieben Tagen 14 bis 17 °C und für längere Fristen 8 bis 10 °C.

Bei niedrigeren Temperaturen tritt bereits Embryonalsterblichkeit während der Lagerung ein. Der Gewichtsverlust muss während der Lagerung so gering wie möglich bleiben. Deshalb spielt neben der Lagertemperatur auch die relative Luftfeuchte eine große Rolle. 75 bis 82 % gelten als optimal.

Beachtung verdient des Weiteren die Lagerungsdauer. Mit zunehmender Aufbewahrungszeit kommt es auch unter optimalen Lagerungsbedingungen zur Beeinträchtigung von Schlupfergebnis (siehe folgende Tabelle), Brutdauer und postnataler Entwicklung. Dabei ist zu berücksichtigen, dass die Eier am Ende der Legeperiode aufgrund ihres Qualitätsrückganges noch empfindlicher auf zu lange Lagerung reagieren als zu Beginn. Bei Gänseeiern ist ein Rückgang der Schlupffähigkeit bereits ab 5. Lagerungstag zu beobachten. Außerdem wird durch verlängerte Lagerungsdauer der Schlupfzeitpunkt verzögert.

Einfluss der Lagerungsdauer auf das Schlupfergebnis in %

	Lagerungsdauer in Tagen									
	1	2	3	4	5	6	7	8	9	10
je Altersklasse	70,6	70,6	68,0	68,0	65,3	60,2	61,8	59,8	57,3	56,0
kumulativ	-	70,6	69,8	69,4	68,6	67,2	66,4	65,5	64,7	63,8

So schlüpfen Küken aus acht bis 14 Tage alten Eiern sechs bis acht Stunden später als solche aus ein bis sieben Tage gelagerten Eiern. Das ist beim Schlupf zu berücksichtigen, damit ältere Eier nicht fälschlicherweise ungeschlüpft oder angepickt aus dem Brutschrank entfernt werden.

Günstig ist es, ältere Eier acht bis zwölf Stunden früher einzulegen. Verlängern lässt sich die Aufbewahrungszeit unbeschadet durch das sogenannte periodische Erwärmen. Dabei handelt es sich um ein Anbrüten der Gänseeier im Brutapparat für fünf Stunden bei 37,8 °C und 75 % relative Luftfeuchte. Durch ein solches Erwärmen am 1., 6. und 11. Tag der Lagerung erzielten 14 Tage alte Bruteier in Brutversuchen gleichwertige Schlupfergebnisse gegenüber frischen.

Gänseeier sollten während der Lagerung auch mindestens täglich fünfmal gewendet werden, und zwar um die Längsachse. Sie werden ja im Gegensatz zu Hühner- und Puteneiern auch nicht auf der Spitze stehend, sondern liegend aufbewahrt.

Beschriften

Zur ordnungsgemäßen Zuchtdokumentation gehört das Beschriften der Bruteier. Es ist Voraussetzung dafür, den Abstammungsnachweis der aus diesen Eiern schlüpfenden Küken zu sichern. In der Regel sind die Nummern des Stammes und des Muttertieres zu vermerken. Aber auch die Registrierung des Datums kann für die Eilagerung und für etwaige nachträgliche Recherchen von Nutzen sein.

Beschriftet wird stets seitlich am spitzen Ende, weil diese Eiregion in der Regel beim Schlupf unversehrt bleibt. Am besten geeignet ist Bleistift; Kopierstifte, Kugelschreiber bzw. Faserstoffe sind entweder giftig oder laufen zu stark aus.

Natürliche Brut

Im Gegensatz zu anderen Geflügelarten hat die natürliche Brut bei Gänsen eine noch relativ große Bedeutung. Das ergibt sich zwangsläufig schon aus dem Vorhandensein von Brutgänserassen. Untergelegt werden können je Gans zehn bis 15 Eier. Die gleiche Anzahl ist bei der Erbrütung von Gänseeiern durch Puten zu veranschlagen. Bei Hühnerglucken dürfen dagegen nicht mehr als vier bis fünf Stück untergeschoben werden. **139**

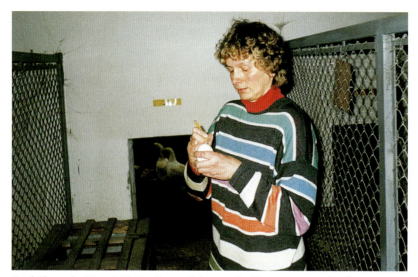

Beschriftung der Eier mit Mutter-Nr. zur Sicherung des Abstammungsnachweises

Die Gans baut sich ihr Nest selbst und wählt dafür sorgfältig einen entsprechend ruhigen Brutplatz aus. Durch vorbereitendes Herrichten einer Brutstätte lassen sich die Tiere zu einem gewünschten Platz lenken, sodass das Legenest auch gleichzeitig zur Brut dienen kann. Den endgültigen Ausbau des Nestes nimmt aber die Gans selbst vor. Dazu rupft sie sich vom Bauch Daunen aus und baut diese zusammen mit Stroh in das Nest ein. Dieses eigenständige Raufen kann als sicheres Anzeichen für den Beginn der Brütigkeit angesehen werden. Das erste Ei des Geleges bleibt als sogenanntes Nestei liegen, während die nachfolgenden Eier laufend entnommen und kühl aufbewahrt werden. Hört die Gans mit dem Legen auf und verweilt sie länger auf dem Nest, ist der Zeitpunkt zum Unterlegen der Eier gekommen, was zeitlich gestaffelt in Abhängigkeit vom Eialter erfolgt. Das Nestei wird nun weggenommen.

Brüten mehrere Gänse gleichzeitig, müssen die Nester am besten seitlich abgetrennt werden, um Störungen und Beunruhigungen zu vermeiden. Das zeitgleiche Brüten mehrerer Gänse hat einen Vorteil, weil nach dem Schieren frei werdende Plätze durch angebrütete Eier anderer Gänse aufgefüllt werden können. Es werden dann Gänse zum Erbrüten neuer Eier frei oder erneut zum Legen gebracht.

Beim Brüten soll die Gans möglichst nicht gestört und beunruhigt werden. Die Kontrolle des Brutnestes erfolgt daher am besten während der Fresszeiten. Bademöglichkeiten sollen sich auf das Brutergebnis günstig auswirken, weil dann die Gans mit ihrem nassen Gefieder einen zusätzlichen Kühleffekt an den Bruteiern hervorrufen kann. Es ist auf eine regelmäßige Futteraufnahme der brütenden Gans zu achten sowie auf peinliche Sauberkeit des Nestes. Dabei muss man wissen, dass der Futterverzehr während der Brut generell um die Hälfte niedriger liegt als normal.

Von Puten- und Hühnerglucken erhalten die Eier nicht genügend Feuchtigkeit, sodass sie während der Brutzeit täglich eine halbe Minute lang besprengt werden müssen. Brutgänse gelten als äußerst zuverlässige Brüterinnen. Zu beachten ist schließlich noch, dass brütende Gänse meistens sehr aggressiv sind. Hühnerglucken halten häufig nicht die 30 Tage während Brut durch, sodass vorsorglich auf Nesteiern brütende Reservehennen zu halten sind. Zudem haben Hühner Schwierigkeiten mit dem Wenden der Eier.

Nach 28 bis 30 Tagen kommt es zum Schlupf. Da die Brutdauer aus den erwähnten Gründen variieren kann, dürfen die Eier nicht zu früh, das heißt nicht vor dem 32. Tag, vom Nest entfernt werden. Beim Schlupf ist so wenig wie möglich einzugreifen. Von sehr unruhigen und nervösen Gänsen sollten allerdings die Gössel zunächst fortgenommen werden, um ein Erdrücken zu verhindern. Verbleiben die Gössel im Nest, besteht auch die Gefahr, dass es die Gans mit ihnen vorzeitig verlässt und die verbleibenden Eier nicht mehr weiter bebrütet. Nach Abschluss des Schlupfes können die Küken wieder zur Gans gesetzt werden, sofern keine künstliche Aufzucht vorgesehen ist.

Künstliche Brut

Brutfaktoren

Die wesentlichsten exogenen Faktoren, die auf die Entwicklung des Embryos wirken, sind: Temperatur, Luftfeuchtigkeit, Gasaustausch, Wenden und Kühlen. Bei der Gestaltung der Brutbedingungen muss stets davon ausgegangen werden, dass diese Faktoren nur im Komplex wirken.

Großen Einfluss auf den Schlupferfolg hat die Bruttemperatur. Als günstigste Bereiche gelten gegenwärtig 37,6 bis 37,8 °C in der Vorbrut und 37,3 bis 37,5 °C in der Schlupfbrut. Weichen die Temperaturen von diesen Optimalwerten ab, kommt es zu Störungen in der Embryonalentwicklung, die in Abhängigkeit von Höhe und Dauer der Schwankungen sowie von Brutstadium und Bruteibeschaffenheit qualitativ und quantitativ unterschiedliche Auswirkungen zeigen. Generell kann festgestellt werden, dass Untertemperaturen wesentlich ungefährlicher sind als Temperaturüberschreitungen. Die Embryonen sind relativ widerstandsfähig gegenüber geringer zeitweiliger Unterkühlung. Dagegen hat eine länger währende Temperaturunterschreitung von 2 bis 3 °C außer einer Verzögerung des Schlupfes auch eine erhöhte Embryonalsterblichkeit zur Folge, besonders im zweiten Abschnitt der Brut. Außerdem ist die Kükenqualität deutlich vermindert. Es fallen Küken mit einem grünlich gefärbten, in die Bauchhöhle eingezogenen Dottersack und mangelnder Verheilung des Nabels an. Eine Aufzucht lohnt sich kaum. Zu beobachten ist auch, dass **141** diese Tiere sich schwerfällig bewegen, schlecht auf den Beinen stehen und häufig Durchfall haben.

Übertemperaturen beschleunigen das Kükenwachstum und das Anpicken in einem abnormen Grade. Besonders gefährlich sind diese in der zweiten Bruthälfte, wo sie zu erhöhten Absterbequoten und zum Schlupf kleiner, schwacher und oft missgebildeter Küken führen. Es kommt zu sehr frühem Anpicken, aber zu einem schleppend verlaufenden und damit verzögerten Schlupf. Die Küken haben einen großen Dottersack sowie einen schlecht verheilten Nabelring. Bei den Steckenbleibern kommen häufig Fehllagen vor. Das Herz ist klein und zeigt wie andere Organe Hyperämie.

Längere Überschreitungen der 37,8 °C-Grenze um 1,0 bis 1,5 °C können das Brutergebnis schon völlig infrage stellen. Temperaturen von 41 bis 42 °C vertragen die Eier höchstens ein bis zwei Stunden lang. Temperaturabweichungen im Brutapparat treten nicht nur infolge von Störungen am Mess- und Regelsystem auf, sondern können auch durch Wärmestau bei mangelnder Durchlüftung verursacht werden. Besonders gefährdet ist die Mitte des Brutschrankes.

Große Bedeutung hat in der Gänsebrut das Kühlen. Der Schlupf kann dadurch, wie eigene Untersuchungen zeigten, um etwa 10 % erhöht werden. Der Schrank sollte vom 7. Bruttag an bis zum Anpicken täglich zwei- bis dreimal bei laufendem Ventilator geöffnet werden oder die Eier sollten samt Horde aus dem Apparat herausgenommen werden, wie es beim Flächenbrüter üblich ist. Ein zusätzlicher Kühleffekt ist durch gleichzeitiges Besprühen der Eier mit kaltem Wasser herbeizuführen. Die Eier sollen auf etwa 30 °C abgekühlt werden. Wichtig ist ein rasches Wiederansteigen der Temperatur im Brutapparat, um Schlupfverzögerungen zu vermeiden. Als optimale Luftfeuchte gelten in Verbindung mit den o. a. Bruttemperaturen 60 bis 70 % in der Vorbrut und 80 bis 90 % in der Schlupfbrut. Diese Werte können jedoch nur als Anhaltspunkte dienen, weil die Verdunstungsrate außerdem noch durch die Eigröße und die im Brutapparat vorherrschende Luftgeschwindigkeit bestimmt wird. Eine objektive Beurteilung der Verdunstung ermöglicht die Luftkammer, die während der Brut immer größer wird. Exakter sind Kontrollwägungen zur Bestimmung des Gewichtsverlustes; er beträgt bei der natürlichen Brut 10 bis 17 %. Als Richtwerte für die künstliche Brut gelten:

Bebrütungsdauer (Tage)	8	14	24	27
Gewichtsverlust (%)	3,1	5,9	10,8	12,2

Bei zu trockener Brut dickt die Dottersubstanz ein und wird zäh und klebrig. Außerdem wird der Dotter ungenügend resorbiert, sodass Küken mit überdimensioniertem Dottersack anfallen. Oft kommt es aber gar nicht erst zum Schlupf, weil die Embryonen noch vor dem Anpicken absterben. Die aus zu trocken gebrüteten Eiern geschlüpften Küken sind kleiner und haben trockene, verklebte, spröde Daunen. Als charakteristisch kann außerdem gelten, dass Hinterkopf und Rücken mit Resten von Schalen und Eihäuten behaftet sind. Hyperämie, Blutungen sowie Missbildungen des Kopfes sind weitere Begleiterscheinungen zu trockenen Brütens.

Zu feuchtes Brüten bewirkt ebenfalls ein erhöhtes Steckenbleiben infolge von Fehllagen, Verkleben des Schnabels und Ersticken im Fruchtwasser. Allerdings geht hier die Entwicklung noch bis zum Anpicken. Insgesamt wird der Schlupf verzögert. Die geschlüpften Küken sind schwammig und schwer sowie in ihrer Vitalität erheblich geschwächt. Sie haben verschmutzte, schleimige Daunen mit geringer Pigmentierung.

Bedeutsam für den Bruterfolg ist auch die Position oder Stellung der Eier. Bei freier oder natürlicher Lage liegt das stumpfe Ende des Eies mit der Luftblase immer etwas höher als das spitze. Dadurch ist für den Embryo die Voraussetzung gegeben, die Haut zur Luftblase zum rechten Zeitpunkt zu durchstoßen, um den für die Lungenatmung erforderlichen Sauerstoff zu erhalten. Deshalb dürfen die Eier keinesfalls auf dem stumpfen Ende stehend bebrütet werden. Aber auch eine Stellung auf der Spitze gilt in der Gänsebrut als riskant, weil dadurch die Allantoisbildung gehemmt und das Schlupfergebnis vermindert wird.

In einem gewissen Zusammenhang mit der Stellung der Bruteier steht das Wenden. Es hat ebenfalls die Aufgabe, den Embryo in der optimalen Lage zu fixieren. Insbesondere soll damit ein Verwachsen und Zusammenkleben von Allantois und Schalenhaut vermieden werden.

In der Naturbrut ist das Wenden der Eier die auffälligste Beschäftigung der Glucken. Es wurde beobachtet, dass brütende Hennen innerhalb von 24 Stunden die Eier 96-mal wendeten. In der Kunstbrut wird täglich ein mindestens dreimaliges Wenden gefordert. Manuell sollte man stets in einer ungeraden Häufigkeit wenden, um zu gewährleisten, dass die Eier nachts nicht immer die gleiche Stellung haben. In modernen Brutapparaten ist das Wenden vollautomatisch geregelt, und zwar in Intervallen von ein bis zwei Stunden.

Neben der Häufigkeit haben auch Richtung und Winkel des Wendens Einfluss auf den Bruterfolg. Während für Hühnereier ein Wendewinkel von 90 bis 120° für ausreichend gehalten wird, steht für Gänseeier nach wie vor die Forderung auf 160 bis 180°. Wichtig ist dabei, dass das Wenden nicht nur in einer Richtung erfolgt, weil es sonst durch Rissbildung im Dottersack und in den Blutgefäßen zu Embryonalsterblichkeit kommt. Schließlich ist auch die Dauer des Wendens von Bedeutung. Generell erfolgt es nur in der Vorbrut, das heißt bis zum 25. Bruttag. Danach verursacht Wenden falsche Pickstellen am Ei, die erhöhtes Steckenbleiben zur Folge haben.

Für ein optimales Embryonalwachstum ist eine ausreichende Ventilation in den Brutapparaten notwendig, um die Zufuhr von Sauerstoff sowie die Beseitigung von Kohlendioxid und Wasserdampf zu sichern. Enten- und Gänseeier haben einen besonders hohen Bedarf an Sauerstoff. In der Praxis wird dieser Forderung durch das mit dem Kühlen einhergehende **143**

Lüften des Brutapparates entsprochen. Starkes Absinken des Sauerstoffgehaltes bringt für den Embryo Erstickungsgefahr, und zwar umso eher, je weiter die Brut fortgeschritten ist.

Brutapparate

Eine Einteilung der Apparatetypen ist nach ihrer Konstruktion in Flächenbrüter, Schrankbrüter (Motorbrüter) und Raumbrüter sowie nach ihrer Funktion in Vorbrüter und Schlupfbrüter möglich. Bei der Berechnung des Fassungsvermögens kann man für Gänseeier einen etwa 45 % höheren Bedarf der Brutkapazität von Hühnereiern veranschlagen.

Beim Flächenbrüter sind die Eier horizontal in einer Ebene auf einem Drahtrost angeordnet. Darunter befinden sich die Wasserrinnen. Die Eier werden von oben erwärmt, sodass ein Temperaturgefälle von der Oberkante zur Unterkante des Eies zustande kommt. Außerdem treten Temperaturabweichungen von der Mitte zu den Rändern der Bruthorde auf, weshalb die Eier täglich beim Wenden verlegt werden müssen. Die Steuerung der übrigen Brutfaktoren, wie Wenden, Kühlen, Befeuchten und Belüften, erfolgt in den herkömmlichen Flächenbrütern manuell und ist mit einem ziemlich hohen Arbeitsaufwand verbunden. Modernere Apparate verfügen über mechanische oder automatische Wendevorrichtungen mittels Rollhorden und bessere Lüftführung. Zudem sind sie teilweise auch schon mit elektronischer Mess- und Regeltechnik ausgerüstet.

Hordenwagen im Vorbrüter in Wendestellung

Zur Wärmeerzeugung dienen elektrische Heizwiderstände. Diese werden herkömmlich mit einem von Äthermembranen gesteuerten Quecksilberkippschalter ab- oder zugeschaltet. Zur Einregulierung der Temperatur ist am Schaltgestänge eine Stellschraube angebracht. Ein gewisser Nachteil dieser Regler ist ihre Trägheit, sodass relativ große Temperaturtoleranzen auftreten. Zur Messung der Temperatur dienen Kniethermometer. Zusätzlich kann im Apparat ein Maximum-Minimum-Thermometer angebracht werden, um auch Temperaturschwankungen zu erfassen.

Die regelmäßige Kontrolle der Bruttemperatur ist unumgänglich, um größere Abweichungen zu vermeiden. Am sichersten sind Alarmanlagen, die Über- oder Untertemperatur akustisch signalisieren. Zu Temperaturüberschreitungen kann es leicht bei sehr hohen Raumtemperaturen kommen. In diesem Fall sind die Eier vorübergehend aus dem Brüter zu nehmen, um sie abzukühlen. Eine einfache und sichere Temperaturführung gewährleisten heutzutage die Elektronikthermostate. Mindestens einen Tag vor der Einlage muss mit dem Probelauf und dem Vorheizen begonnen werden.

Die Befeuchtung der Luft wird im Flächenbrüter durch Verdunsten von Wasser aus eigens dafür aufgestellten Wasserschalen gewährleistet. Es ist dafür zu sorgen, dass diese Gefäße stets gefüllt sind. Auch durch das mit dem Kühlen einhergehende Besprühen der Eier gelangt Feuchtigkeit in den Apparat. Während des Schlupfes sind weitere Gefäße aufzustellen oder feuchte Tücher bzw. Schwämme einzubringen. Zusätzliches Sprühen und Schwemmen der Eier können dazu beitragen, die für den Schlupf notwendigen hohen Feuchtigkeitswerte zu schaffen. Beim Schwemmen kann außerdem festgestellt werden, ob der Embryo im Ei noch lebt. Das zeigt sich daran, dass die Eier schwimmen und sich bewegen. Eier mit abgestorbenen Embryonen gehen unter. Die relative Luftfeuchte wird mittels Haarhygrometer oder Psychrometer gemessen. Daneben müssen Luftkammergröße und Gewichtsverlust bestimmt werden.

Gewendet wird herkömmlich von Hand, und zwar über die Längsachse des Eies. Dieser Arbeitsgang wird zweckmäßigerweise gleich mit dem Verlegen und Kühlen gekoppelt. Nach der Einlage sollte das Wenden zunächst unterbleiben, am besten so lange, bis die Eier voll durchgewärmt sind und der Apparat ohne längere Heizzeiten seine Temperatur hält.

Die Lüftung wird beim Flächenbrüter durch Lüftungsklappen geregelt. Mit zunehmender Brutdauer muss für eine höhere Lüftungsrate gesorgt werden. Zur zusätzlichen Belüftung kommt es gleich mit beim Kühlen.

Brutanweisung für Gänseeier im Flächenbrüter

	Temperatur	
1. bis 5. Tag	38,5 °C Eioberkante	36,5 °C Eiunterkante
6. bis 10. Tag	38,5 °C Eioberkante	37,0 °C Eiunterkante
11. bis 31. Tag	39,0 °C Eioberkante	37,5 °C Eiunterkante
	Luftfeuchtigkeit	
1. bis 10. Tag	60 %	
11. bis 20. Tag	70 %	
21. bis 31. Tag	80 %	
	Wenden und Verlegen	
4. bis 25. Tag	mindestens dreimal täglich	
	Kühlen	
1. bis 7. Tag	nicht erforderlich	
8. bis 18. Tag	zweimal täglich 10 Minuten	
19. bis 24. Tag	zweimal täglich 20 Minuten	
25. bis 29. Tag	zweimal täglich 30 Minuten	
	Schierung wie im Schrankbrüter	

145

Der Einsatz von Flächenbrütern beschränkt sich wegen der geringen Kapazität und der aufwendigeren Bedienung zumeist auf kleine Bestände. Dank der neuen technischen Weiterentwicklungen kann in dieser Bruttechnik auch weiterhin eine interessante und bezahlbare Lösung für Zuchtanfänger bzw. weniger professionelle Züchter gesehen werden, welche die Nachzucht ihrer Gänse zu Hause gern selbst künstlich erbrüten möchten.

In der landwirtschaftlichen bzw. gewerblichen Gänseproduktion werden nur Schrankbrüter oder begehbare Brutkammern verwendet. Sie sind mit fahrbaren Hordengestellen ausgestattet, in denen die Eierhorden in mehreren Reihen übereinander angeordnet sind. Auf diese Weise erreicht man eine wesentlich größere Eiplatzkapazität.

Solche Brutapparate lassen sich nach dem Baukastenprinzip zu Großbrutanlagen zusammenstellen. Kombinierte Brüter mit einem Vorbrut- und einem Schlupfabteil sind hier nicht zu empfehlen, weil aus veterinärhygienischen Gründen eine räumliche Trennung zwischen Vor- und Schlupfbrut notwendig ist.

Alle modernen Brutanlagen regeln und steuern die Brutbedingungen vollautomatisch. Die Wärme wird durch elektrische Heizwiderstände erzeugt, die zur optimalen Wärmeverteilung in unmittelbarer Nähe der Ventilatoren angebracht sind. Zur Befeuchtung dienen Sprühdüsen, die über Tastbügelregler und Taupunktfühler gesteuert werden, oder Verdampfungsanlagen. Das Wenden geschieht mittels einer elektrisch angetriebenen und über Schaltuhr geregelten Wendevorrichtung, an die die einzelnen Hordenwagen anzuschließen sind. Gewendet wird nur im Vorbrüter. Die Horden bewegen sich alle zwei Stunden wechselnd um 90° nach links und um 90° nach rechts. Bei Gänseeiern wird der gewünschte Wendewinkel von 180° durch eine schräge Lage der Eier auf den Vorbruthorden erreicht.

Brutanweisung für Gänseeier im Schrankbrüter

	Vorbrut (27.-31. Tag)	Schlupfbrut (1.-26. Tag)
	Temperatur	
1. bis 16. Tag	37,6 bis 37,8 °C	36,5 bis 37,0 °C
17. bis 26. Tag	37,3 bis 37,4 °C	-
	Luftfeuchtigkeit	
	60 bis 70 %	80 bis 90 %
	Wenden und Verlegen	
	dreimal um 180 Grad	-
	Kühlen	
	Ab 7. Tag bis 29. Tag zwei- bis dreimal täglich 10 bis 30 Minuten, dabei die Eier mit kaltem Wasser besprengen	
10. und 27. Bruttag	**Schieren**	

Das Ventilationssystem der Schrankbrüter besteht aus Ventilatoren oder Pulsatoren, die Frischluft ansaugen und gleichmäßig im Brutapparat verteilen. Als Zuluftöffnungen sind Drosselklappen eingebaut, mit deren Hilfe eine Dosierung der Frischluftzufuhr entsprechend dem jeweiligen Brutstadium möglich ist.

Angeordnet sind die Bruteier auf Metall- oder Kunststoffhorden, die übereinander und nebeneinander in Hordenwagen gestapelt werden. Die Vorbruthorden bestehen aus dreikantigen Kunststoff- oder Metallstäben, die in einem Rahmen befestigt sind und das Aufreihen der Eier ermöglichen.

Im Schlupfbrüter befinden sich spezielle Schlupfhorden. Das sind aus Kunststoff, Blech oder Drahtgewebe gefertigte Kästen. Diese können in weitere kleine Segmente unterteilt werden, die drei bis acht Eier aufnehmen und damit einen individuellen Schlupf nach Müttern ermöglichen. Schlupfhorden müssen eine gute Luftführung gewährleisten, da der Sauerstoffbedarf beim Schlupf sehr hoch ist.

Brutraum

Der Brutraum muss folgende Anforderungen erfüllen:

- ausreichend Platz zum Aufstellen und Bedienen der Apparate
- günstige Bedingungen für die in der Brut durchzuführenden Arbeiten
- leicht zu reinigende und zu desinfizierende Oberflächengestaltung der Wände und des Fußbodens
- seuchenhygienische Trennung von Vor- und Schlupfbrut
- optimale Klimaverhältnisse

Der letztgenannte Punkt hat entscheidende Bedeutung, denn die Umweltbedingungen im Brüter hängen maßgeblich vom Raumklima ab.

Es werden gefordert:

- Temperatur: 21 bis 31 °C
- relative Luftfeuchte: 50 bis 60 %
- Lüftungsrate: 1 m^3 Luft pro Stunde und 30 Eier

Wichtig ist auch, dass die aus dem Brutapparat ausströmende verbrauchte Luft nicht erst in den Brutraum gelangt, sondern gleich ins Freie geführt wird.

Brutablauf

Vor der Einlage sind die Eier zwölf Stunden bei etwa 25 °C vorzuwärmen. Nach dem Einlegen ist eine Begasung vorzunehmen. Dabei gilt es zu beachten, dass der Keimling 24 bis 96 Stunden nach Brutbeginn sehr empfindlich ist, besonders gegenüber Formalin. Am 10. Bruttag folgt das erste Schieren, um unbefruchtete Eier bzw. Eier mit früh abgestorbenen Embry-

147

onen auszusondern. Das zweite Schieren wird am 27. Tag vor der Umlage der Eier in den Schlupfbrüter durchgeführt. Dabei geht es um die Aussonderung von „Spätabsterbern" sowie eventuell auch von Fauleiern. Bei jedem Schieren können auch der Entwicklungsstand des Embryos und die Größe der Luftkammer beurteilt werden.

Nach dem Umlegen der Eier in den Schlupfbrüter ist der Vorbrüter sofort zu reinigen und zu desinfizieren. Am Schlupftag wird gegebenenfalls noch eine Begasung der Küken mit Formalin durchgeführt, um Krankheitsübertragungen über die Atemluft vorzubeugen. Die Schlupfdesinfektion setzt etwa dann ein, wenn 10 % der Eier angepickt sind. Sie dauert etwa 10 Minuten. Die Küken werden entnommen, sobald die Daunen am Hals trocken-flaumig sind. Belässt man sie zu lange im Schlupfbrüter, besteht die Gefahr einer Entzündung der Atemwege. Der Schlupf muss zügig vonstatten gehen. Guter und rascher Schlupf ist ein Anzeichen für hohe Bruteiqualität und optimale Bruttechnik. Häufiges Öffnen des Brutapparates ist dabei zu vermeiden, um den Schlupfvorgang nicht zu unterbrechen. Hilfen beim Schlupf sind zumeist problematisch und nur dann vertretbar, wenn die Ursachen nicht erblich bedingt sind. Da dies aber nicht ohne Weiteres festgestellt werden kann, ist von einem Nachhelfen beim Schlüpfen generell abzuraten. Neben der Gefahr einer negativen Selektion auf Schlupffähigkeit besteht auch ein großes Risiko in der Kükenqualität.

Die Brutrückstände – Eischalen, Eier mit stecken gebliebenen und nicht lebensfähigen Küken – sind auf der Grundlage des Tierkörperbeseitigungsgesetzes (TierKBG) zu entsorgen. Abschließend werden Schlupfbrüter und -horden, Geräte und der Schlupfbrutraum gründlich gereinigt und desinfiziert.

Ursachen für schlechten Schlupf

Es gibt eine Reihe von charakteristischen Erscheinungsbildern, die auf spezifische Mängel schließen lassen. Mithilfe dieser Übersicht sollte es möglich sein, die Fehler für schlechte Schlupfergebnisse zu finden und deren Ursachen abzustellen.

Übersicht über die Ursachen für schlechte Schlupfergebnisse

Mangel	Ursachen
Klare Eier	schlechte Zuchtkondition der Ganter falsches Anpaarungsverhältnis Frosteinwirkung auf Eier
Frühabsterber	Krankheiten zu lange Bruteilagerung Frosteinwirkung Inzucht

Mangel	Ursachen
Abgestorbene Embryonen in der Mitte der Brutperiode	Temperaturschwankungen während der Lagerung Fäulniskeime Salmonellose
Abgestorbene Embryonen am Ende der Brutperiode	Wirkstoff- sowie Mineralstoffunterversorgung der Elterntiere Krankheiten zu hohe Bruttemperatur Sauerstoffmangel zu niedrige Wendehäufigkeit
Steckenbleiben vor dem Picken	Letalfaktoren Krankheiten zu niedrige relative Luftfeuchte kurzzeitige Überhitzung der Eier Fehler beim Wenden
Steckenbleiben nach dem Picken	zu feuchte Brut länger andauerndes geringfügiges Unterschreiten der Temperatur kurzzeitiges Überhitzen der Eier
Falsche Pickstellen	zu lange währendes Wenden
Zu früher Schlupf	hohe Bruttemperatur
Zu später Schlupf	niedrige Bruttemperatur lange Bruteilagerung
Lange Schlupfdauer	ungleichmäßige Bruttemperatur differenziertes Bruteialter starke Abweichungen in der Bruteigröße
Verklebte Küken mit anhaftender Eischale	zu niedrige relative Luftfeuchte
Verklebte Küken ohne Schalenreste	zu niedrige Temperatur zu hohe relative Luftfeuchte
Dottersack nicht eingezogen, Nabel schlecht verwachsen bzw. blutig	zu hohe bzw. stark schwankende Temperatur zu niedrige relative Luftfeuchte Krankheiten
Kleine Küken	zu geringe Eigröße zu niedrige relative Luftfeuchte zu hohe Temperatur
Große schwammige Küken	zu hohe relative Luftfeuchte unzureichende Ventilation
Missgebildete Küken	erbliche Anlagen zu hohe Temperatur
Intensiv gelb gefärbte Küken	zu starke Formalinbegasung beim Schlupf

Kennzeichnung der Küken

In der Zucht wird zur Absicherung des individuellen Abstammungsnachweises der Stamm- oder Einzelschlupf durchgeführt. Die Küken eines jeden Stammes oder Muttertieres schlüpfen in einem Schlupfsegment der Horde getrennt. Danach müssen sie sofort gekennzeichnet werden. Dazu dient in der Regel eine Kükenmarke aus Aluminiumblech, die in die Flügelspannhaut eingezogen und mit einem Druckknopf verschlossen wird. Diese Marke kann eine laufende Nummer oder Angaben über Herkunft des Tieres, das heißt Nummer von Mutter, Stamm bzw. Linie sowie über den Jahrgang enthalten. Die Kükenmarke wird schließlich in einem Brutbuch registriert. Bei Wassergeflügel kommt teilweise auch das Kerben oder Lochen der Schwimmhäute als Hilfsmittel der Kennzeichnung in Betracht. Dafür gibt es bestimmte Schlüssel. Diese Methode verlangt sehr viel Sorgfalt, besonders beim Kerben, damit es nicht zu Verwachsungen kommt und die Tiere in ihrer Abstammung unkenntlich werden.

Aufbewahrung und Transport der Küken

Nach dem Schlupf sollten die Küken so rasch wie möglich zum Aufzuchtstall gebracht und gefüttert werden. Dies begünstigt die Resorption des noch im Körper vorhandenen Dotters, der etwa 48 % des Eianteils ausmacht und Energie für rund 72 Stunden liefert. Vor einem langen Transport darf nicht gefüttert werden, um ein zu rasches Aufzehren des Dottervorrates zu verhindern. Kann die Einstallung unmittelbar nach dem Schlupf erfolgen, so sollte Futter sofort bereitgestellt werden. Dies sorgt sowohl für eine gute Entwicklung der Gössel als auch für eine rasche Resorption des Dottersacks.

Haltung der Gänse

Kükenaufzucht

Die Kükenaufzucht ist die erste Entwicklungsphase der Gössel nach dem Schlupf. Charakteristisch ist, dass die Küken während dieser Zeit nur ein Daunenkleid haben und auf Wärmezufuhr von außen angewiesen sind. Bei Gänsen umfasst dieser Abschnitt etwa die ersten drei Lebenswochen. An die Kükenaufzucht schließt sich entweder die Jungtieraufzucht oder die Mast an.

Die natürliche Form der Aufzucht durch eine Gans, Pute oder Gluckhenne ist heute ausschließlich auf kleinere Bestände beschränkt. Hier kann sie durchaus noch von Vorteil sein, weil der Betreuungsaufwand und die Anforderungen an den Stall nicht so hoch sind. So wird die in dieser Zeit notwendige Erwärmung der Gössel vom Bruttier vorgenommen. Ein Nachteil muss darin gesehen werden, dass eine Gans nur wenige Gössel führen kann und selbst während der Zeit des Führens für die Legetätigkeit ausfällt. In Betracht kommen nur solche Gänserassen, bei denen die Veranlagung zum Führen noch gut ausgeprägt ist. Künstliche Gösselaufzucht mit Puten ist nur auf einem kleineren und eng begrenzten Terrain möglich, weil diese Glucken sich sonst für Gössel zu schnell und vor allem zu weiträumig bewegen.

Um die Gössel kümmern sich Gans und Ganter gleichermaßen.

Die natürliche Aufzucht beginnt damit, dass die vom Brutnest zeitweilig entfernten Gössel wieder zur Gans gesetzt werden. Eine Gans kann etwa 20 Gössel führen bzw. hudern. Man sollte nur Gelände zur Verfügung stellen, das vorher von anderen Zuchttieren nicht belaufen wurde.

Auslauf kann sofort gewährt werden, wenn auch zunächst für etwas kürzere Zeit. Gegen Unterkühlung sind Gössel sehr empfindlich, daher sollten nasses Gras und Regenwetter in den ersten fünf Wochen gemieden werden. Wasserauslauf ist von Anfang an möglich und sogar günstig, weil dann die Gössel von klein auf ihre Federn mit Bürzeldrüsensekret einfetten, was ja die erste entscheidende Voraussetzung für die Schwimmfähigkeit der Tiere ist.

Zur Unterbringung eignen sich kleine Gluckenhäuschen oder provisorisch abgegrenzte Boxen innerhalb von Stallungen. Hier ist stets auf eine trockene und saubere Einstreu zu achten. Je nach Witterung kommen die Gössel nach drei bis vier Lebenswochen ohne zusätzliche Wärmequelle aus, sodass dann die Glucke ohne Weiteres weggenommen werden kann.

Die künstliche Aufzucht hat sich in allen landwirtschaftlichen Betrieben durchgesetzt, kann aber auch vom Kleintierhalter angewendet werden, wenn er die erforderlichen Bedingungen schafft. Wichtig ist, dass ein heizbarer Raum zur Verfügung steht, der die Wärme hält. Gössel sind äußerst empfindlich gegen Kälte von unten. Vorteilhaft ist es daher, die Einstreu vorzuwärmen, was durch Beheizen des Aufzuchtstalles bereits ein bis zwei Tage vor dem Einstallen erreicht werden kann. Als Heizquellen eignen sich zur Punktheizung Wärmestrahler und zur Raumheizung Radiatoren oder Warmluftgebläse. Diese Temperaturen müssen entsprechend den mitgeteilten Richtwerten gestaltet werden.

Die Angaben beziehen sich auf Messungen in Tierhöhe. In den ersten acht bis zehn Tagen sollte man die Stallfläche unter der Punktheizung eingrenzen, damit sich die Küken nicht zu weit davon wegbewegen und jederzeit wieder zurückfinden. Bewährt haben sich sogenannte Kükenringe, die sich rasch aus Strohballen oder Kunststoff errichten lassen. Die Tierzahl pro Ring sollte 250 bei einer Besatzdichte von 20 Tieren/m^2 nicht übersteigen.

Temperaturen für die Gösselaufzucht

Tag	Wärmequelle	Raumtemperatur
1. bis 3.	31 bis 29 °C	26 °C
4. bis 7.	30 bis 28 °C	24 °C
8. bis 12.	27 bis 25 °C	22 °C
13. bis 18.	24 bis 22 °C	18 °C
19. bis 21.	21 bis 18 °C	18 °C

Sehr vorteilhaft für die Küken ist im Aufzuchtraum ein Temperaturgefälle zwischen Punkt- und Raumheizung. Dies fördert die Ausbildung des

Thermoregulationsvermögens und damit die Abhärtung. Auch ein frühes Gewöhnen an den Auslauf wirkt sich positiv aus.

Zur Vorbereitung der Jungtieraufzucht oder Mast auf Gewässern benötigen die Gössel Badegelegenheit, weil sonst das Einfetten des Gefieders unterbleibt und die Schwimmfähigkeit nicht erreicht wird. Dies würde bei späterer plötzlicher Schwimmwasserbereitstellung zum Ertrinken der Tiere führen.

Als Einstreu eignen sich Weichholzhobelspäne und/oder kurzes Stroh am besten. Sie ist in einer Höhe von 15 cm einzubringen. Größeren Aufwand bedarf es, die Einstreu trocken zu halten, weil Gänse durch ihr Trink- und Fressverhalten sowie durch den Kot sehr viel Feuchtigkeit einbringen. Die Einstreu muss häufig gelockert und nachgestreut werden. Geeignete Tränkgefäße sowie deren Installation auf Rosten oder Gittern mit darunter befindlichen Becken, die das Spritzwasser auffangen, beugen einer Durchnässung vor. Feuchte Einstreu begünstigt den Ausbruch von Krankheiten, hemmt aufgrund mangelnden Wohlbefindens der Tiere deren Wachstum und schädigt das Bauchgefieder.

Eine wesentliche Voraussetzung für eine normale und gleichmäßige Entwicklung ist die Einhaltung der Besatznormen sowie die Bereitstellung von ausreichenden Fress- und Tränkgeräten. Ist im Stall eine Lichtquelle vorhanden, sollte vom 1. bis 3. Lebenstag Dauerlicht gewährt werden, damit sich die Gössel recht schnell an die neue Umgebung gewöhnen. Andernfalls ist aber eine künstliche Aufzucht auch ausschließlich mit Tageslicht möglich.

Haltungsparameter für die Gösselaufzucht

- **Besatzdichte:** 1. Woche: 14 bis 20 Tiere/m^2; 2. Woche: 7 bis 14 Tiere/m^2; 3. Woche: 4 bis 5 Tiere/m^2
- **Temperatur:** siehe vorhergehende Tabelle auf S. 152
- **Beleuchtungsdauer:** 1. bis 3. Tag 24 Stunden Licht, nachts Dämmerlicht, danach Rückgang auf 14 bis 16 Stunden bzw. natürliche Lichttaglänge
- **Beleuchtungsintensität:** 20 Lux
- **Fütterung:** Automaten oder Tröge; 1. bis 5. Tag zusätzlich Futterplatten oder -pappen, die gereinigt und desinfiziert bzw. nach Benutzung verbrannt werden; Fressplatzlänge 1,5 cm/Tier
- **Tränken:** in den ersten Lebenstagen Stülp- oder Ventilrundtränken, danach Rinnen- oder Durchlauftränken; Tränkplatzlänge 2 cm/Tier

Jungtieraufzucht

Diese Entwicklungsphase beginnt mit der 4. Lebenswoche und dauert bis kurz vor Legebeginn, der je nach Schlupftermin und Rasse zwischen dem 9. und 12. Lebensmonat liegt. In dieser Zeit stellen die Tiere keine **153**

Gesunde, lebhafte Gössel sind die Basis für eine erfolgreiche Zucht.

Durch frühzeitige Prägung folgen Gössel ihrem Betreuer.

großen Anforderungen an die Umweltbedingungen, sodass sie ausschließlich im Auslauf ohne Stall in einfachen Unterständen gehalten werden können. Gebietsweise sind außerdem noch seitliche Maschendrahtabgrenzungen als Wildschutz erforderlich, sofern die Außenumzäunung dies nicht schon gewährleistet. Bei diesen Unterständen kann man mit einem Besatz von drei bis vier Gänsen je m^2 Grundfläche kalkulieren.

Es ist zu beachten, dass die Tiere in dieser Zeit eine normale Entwicklung nehmen, das heißt nicht verfetten und auch nicht getrieben werden. Dafür bildet eine sachgemäße Ernährung die entscheidende Grundlage. Daher kann die Weide vom 8-Wochen-Alter an als Hauptnahrungsquelle dienen, sofern sie eine gute Wüchsigkeit aufweist. Auch muss in diesem Falle ein ausreichendes Angebot an Weidefläche gewährleistet sein je nach Ertragsfähigkeit in der Größenordnung von 60 bis 100 m^2 je Tier (etwa 100 bis 150 Junggänse je Hektar).

Die Anforderungen an die Konzentratfuttermittel sind ebenfalls gering hinsichtlich Menge und Qualität der Futtermittel. Sie dürfen nur restriktiv verabreicht werden. Keinesfalls vernachlässigt werden sollte ein dem Wachstum entsprechendes bedarfsgerechtes Angebot an Vitaminen und Mineralstoffen.

Ende Oktober ist dann die Selektion für die Zucht vorzunehmen. Die jungen Zuchtgänse und -ganter werden in die Stämme oder Herden eingeordnet und die zuchtuntauglichen Tiere zur Mast aufgestellt.

Haltung der Zuchtgänse

In der Zucht sind Stammtiere, Vorbuchtiere und Elterntiere zu unterscheiden. Von der Unterbringung her ergeben sich für diese drei Kategorien nur geringfügige Unterschiede.

Stammtiere werden in Gruppen von 1 : 3 bis 6 gehalten. Erforderlich sind Fallnester zur individuellen Leistungskontrolle. Die Stammnachkommen können in größeren Herden gehalten werden und gleichzeitig als Elterntiere zur Erzeugung von Mastgösseln fungieren. Ist eine Nachkommenschaftsprüfung in Bezug auf Legeleistung vorgesehen, muss auch hier für jedes weibliche Tier ein Fallnest vorhanden sein. Elterntiere, mit denen lediglich Reproduktionsaufgaben in der Mastgösselerzeugung zu erfüllen sind, können in größeren Herden gehalten werden. Hier genügen offene Legenester. Je Nest sind vier bis fünf Gänse zu veranschlagen.

Haltungsparameter für Gänseelterntiere
- **Nutzungsdauer:**   drei bis vier Jahre
- **Herdengröße:** optimal 40 bis 250 Tiere, maximal 500 Tiere
- **Besatzdichte**

Stall	1 bis 2 Tiere/m^2
befestigter Auslauf	2 Tiere/m^2
unbefestigter Auslauf	0,1 Tier/m^2
Wasserfläche (zeitweilig)	1 Tier/ m^2
Weide	250 m^2/Tier
Tränkplatzbedarf	4 cm/Tier

Emdener Zuchtstamm auf Weidegang

■ **Fressplatzbedarf**
bei ständigem Futterangebot   4 cm/Tier
bei zeitweiligem Futterangebot 10 cm/Tier
■ **Nester:** 60 cm breit, 60 cm tief, 75 cm hoch; vier bis fünf Gänse je offenes Nest einer Gans je Fallnest

Nicht nur die äußeren Faktoren, auch die Herdengröße spielt eine Rolle für die Leistung der Tiere.

Die Anforderungen an das Stallklima sind relativ gering. Gänse besitzen eine große Kältetoleranz, reagieren jedoch leicht depressiv auf hohe Temperaturen. Während länger anhaltender Hitzeperioden kann es zu Beeinträchtigungen von Befruchtung, Legeleistung und Bruteiqualität kommen. Wirksame Gegenmaßnahmen bilden die Bereitstellung von Badegelegenheit und Schattenspendern sowie die Gewährleistung einer hohen Luftumwälzung im Stallgebäude während der Nacht.

Weitere äußere Leistungsfaktoren sind Licht, Herdengröße und Besatzdichte. Eine sehr große Bedeutung hat Licht zur Steuerung der Fortpflanzungsvorgänge erlangt. Die Wirkung der Lichtdauer beruht analog zu anderen Geflügelarten auf einer Stimulierung oder Hemmung der Keimdrüsentätigkeit. Allerdings besteht bei Gänsen aufgrund ihrer noch relativ starken Bindung an den natürlichen Jahreszyklus eine differenzierte Wirkung zwischen der ersten und zweiten Hälfte des Jahres. Während der natürlichen Fortpflanzungszeit, die gewöhnlich im Februar beginnt, genügt bereits eine Taglänge von acht Stunden, um die Keimdrüsen zu aktivieren. Dieser achtstündige Lichttag sollte dann bis zum Ende der Legeperiode beibehalten werden, weil er im Frühjahr die höchste Legeleistung garantiert. Ergebnisse von Beleuchtungsversuchen zeigen, dass diese Lichtdauer sowohl dem natürlichen Lichtrhythmus als auch einem konstanten 12- oder 16-Stunden-Lichttag überlegen ist (siehe S. 157).

Fehlen die für die Anwendung des Programms erforderlichen Dunkelställe, ist dem natürlichen Lichttag gegenüber einer zwölf- oder 16-stündigen Beleuchtungsdauer der Vorzug zu geben. Langtagsbeleuchtung von zwölf Stunden und mehr beschleunigt den Eintritt der Legereife und den Ablauf der Ovulation mit dem Ergebnis, dass die Legedauer verkürzt und die Eizahl vermindert werden. Die Legefolge wird stark zusammengedrängt.

Außerhalb der natürlichen Fortpflanzungsphase macht sich jedoch die Anwendung von Langtagsbeleuchtung notwendig, weil hier mithilfe des 8-Stunden-Lichttages eine Ovulationsinduktion nicht zu erreichen ist. Die erste Eiablage erfolgt in der Regel drei bis vier Wochen nach Beginn der Lichttagsverlängerung. Im Interesse einer möglichst lang anhaltenden Ovulationsstimulierung sollte verlängerten Lichttagen eine Behandlung mit kurzer Beleuchtungsdauer von maximal sechs Stunden oder völliger Dunkelhaltung vorausgehen.

Kurztagsprogramme können auch zur Verzögerung des Legebeginns dienen. Mithilfe der Lichttagsverlängerung ist eine zeitliche Ausdehnung der Bruteiproduktion über eine Vorverlegung oder über eine Induzierung mehrerer Legezyklen möglich. Die Vorverlagerung des Legebeginns sollte nicht weiter als bis Januar gehen, weil sonst Teilmauser und Legepausen auftreten können. Außerdem ist zu beachten, dass Jungtiere auf diese Maßnahme wesentlich empfindlicher reagieren als zweijährige und ältere Tiere.

Verlauf der Legekurven bei unterschiedlicher Lichttaglänge (nach Elimowska-Wenda)

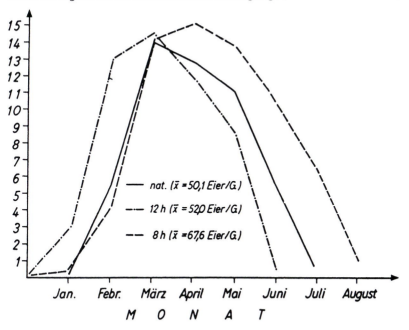

Praktische Bedeutung wird teilweise ebenfalls der sogenannten 2. Legeperiode beigemessen, die sich an die herkömmliche Frühjahrsperiode nach einer Legepause von etwa drei Monaten anschließt und von September bis Dezember durchgeführt werden kann (siehe folgende Tabelle). **157**

Legeleistung (Eier pro Gans) bei Chinesischen Gänsen mit einer 2. Legeperiode im 2. und 3. Legejahr

Monat	Legejahr				Mittel-wert	relativer Anteil je Monat
	1.	2.	3.	4.		
Januar	-	5,88	3,85	5,28	3,66	7,33
Februar	-	12,80	-	1,31	3,59	7,19
März	5,36	13,64	-	1,82	5,37	10,75
April	11,23	11,00	12,68	9,83	11,20	22,52
Mai	11,36	8,01	15,58	7,43	10,62	21,26
Juni	7,86	-	7,72	4,33	4,99	9,99
Jan. – Juni (1. Zyklus)	35,81	51,33	39,83	30,00	39,43	78,94
Juli	-	-	-	-	-	-
August	-	-	-	-	-	-
September	-	0,57	0,35	-	2,13	4,27
Oktober	-	4,97	3,50	-	2,13	4,27
November	-	6,18	6,58	-	3,19	6,39
Dezember	-	10,40	9,40	-	4,96	9,94
Sept. – Dez. (2. Zyklus)	-	22,12	19,83	-	10,51	21,06
Summe	35,81	73,45	59,66	30,00	49,94	100,00

Die Induzierung beruht auf einer Beschleunigung des Mauserverlaufs mithilfe von Kurztagsbeleuchtung und Futterrestriktion sowie einer nachfolgenden Legestimulierung mithilfe von Langtagsbeleuchtung. Ein gewisser Nachteil ist darin zu sehen, dass die Gössel aus der 2. Legeperiode vorwiegend in den Herbst- und Wintermonaten anfallen und deshalb nicht unter den vorherrschenden extensiven Haltungsbedingungen gemästet werden können.

Im Rahmen unserer langjährigen Forschungen zur Steuerung der Legeleistung bei Gänsen gelang es, auch Grundlagen für eine Bruteierproduktion im Sommer zu erarbeiten, welche sich unmittelbar an die Frühjahrsperiode konventioneller Elterntierherden anschließt. Mastgössel aus Sommerschlüpfen benötigen eine kürzere Haltungszeit bis Weihnachten und führen zu einer besseren Auslastung der Brut- und Mastanlagen. Im Gegensatz zur 2. Legeperiode können diese Gössel ausnahmslos noch im selben Jahr als Schlachttiere verwertet werden, wenn auch zuletzt ausschließlich über das Frühmastverfahren.

Das Verfahren der Bruteierzeugung im Sommer beruht auf der Nutzung einjähriger Elterntiere aus Spätschlüpfern (Schlupfmonat Juli bis Oktober). Gänse dieser Schlupftermine (siehe Tabelle S. 160) beginnen unter natürlichen Lichtbedingungen zu früh mit dem Legen und haben eine gestörte Fortpflanzung. Ursache dafür ist, dass sie mit Späterwerden des Schlupftermins immer mehr unter den Einfluss progressiver Lichttagslängen geraten, vor allem während der für das Entwicklungstempo der Gonaden entscheidenden 2. Hälfte der Aufzuchtperiode (siehe folgende Abbildung).

Natürliche Lichttaglänge während der Aufzucht verschiedener Schlüpfe

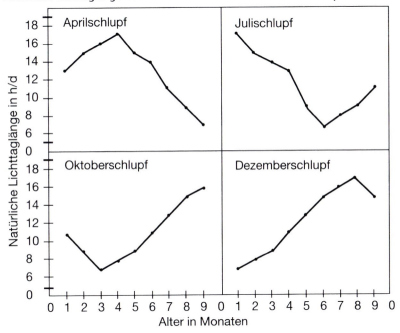

Deshalb müssen Tiere solcher Schlüpfe einem Kurztag bzw. einem Lichtprogramm mit abnehmender Taglänge unterworfen werden, wie sie beispielsweise Gänse aus dem April-Schlupf durchlaufen (siehe folgende Abbildung). Mit diesem Regime werden die Einhaltung des optimalen Legealters und die volle Reproduktionsleistung erreicht.

159

Beleuchtungsprogramm für die Haltung im Dunkelstall

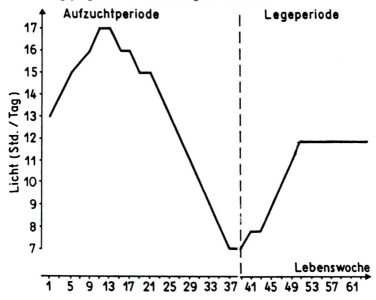

Reproduktionsleistung von Gänsen verschiedener Schlupftermine unter natürlichen (NL) und künstlichen (KL) Lichtbedingungen (n = 20 Tiere/Gruppe)

Gruppe		1	2	3	4
Schlupfmonat		V	VII	X	XII
Alter bei Legebeginn (Wochen)	NL	44	38	32	28
	KL	42	42	36	36
Eier pro Gans	NL	54,1	41,0	26,4	19,8
	KL	48,0	47,3	57,5	53,1
Einzelmasse (g pro Ei)	NL	152	136	126	119
	KL	155	160	156	157
Legedauer (Wochen)	NL	24	22	20	14
	KL	23	27	28	29

Aufgrund dessen, dass die Legeperiode zum überwiegenden Teil in das 2. Halbjahr, also in eine Zeit mit rückläufiger Lichttagesentwicklung fällt, muss ebenfalls für die Legephase ein künstliches Beleuchtungsprogramm angewendet werden, um die Depression auszuschalten. Es empfiehlt sich hier die Anwendung eines konstanten 8- bis 10-stündigen Lichttages wie in der Normalperiode. Der Bruteieranfall kann nach folgender Tabelle kalkuliert werden.

Am besten geeignet für die Gösselerzeugung im Sommer sind demzufolge einjährige Elterntiere aus dem Juli-Schlupf.

Monatlicher Bruteieranfall bei Gänsen aus Juli- und Oktoberschlupf im 1. Legezyklus

Legemonat	Juli-Schlupf		Oktober-Schlupf	
	Legeintensität (%)	Eier pro Gans	Legeintensität (%)	Eier pro Gans
Mai	14,6	4,4	-	-
Juni	39,3	11,8	15,0	4,7
Juli	46,9	14,5	15,0	4,7
August	30,4	9,4	33,3	10,3
September	26,8	8,0	36,1	10,8
Oktober	11,3	3,5	45,5	14,1
November	-	-	34,0	10,3
Dezember	-	-	16,2	5,0
	Ø 28,2	Σ 51,6	Ø 27,2	Σ 58,3

Zusammenfassend wird in der nächsten Tabelle ein Gesamtüberblick über die aktuellen Lichtprogramme für Gänseelterntiere gegeben.

Lichtprogramme für Gänseelterntiere

Verfahren der Eiproduktion	Aufzuchtperiode		Legeperiode	
	F	D	F	D
Normalschlupf				
einzyklisch	Tageslicht	8 h	Tageslicht	8 h
zweizyklisch	Tageslicht	6 h		
1. Legeperiode	Tageslicht	6 h	Tageslicht	8 h
Ruhepause	-	-	Tageslicht	0 bis 6 h
2. Legeperiode	-	-	14 h	14 h
Spätschlupf	-	6 h	Tageslicht	8 h

F = Fensterstall, D = Dunkelstall

Die Unterbringung der Elternbestände erfolgt größtenteils noch in herkömmlichen Anlagen der Geflügelproduktion, vor allem in ehemaligen Entenstallungen. Sehr gut lässt sich die Haltung von Elterntieren auf Dauergrünland durchführen. In der großbetrieblichen Haltung sind aufgrund der starken Tierkonzentration oft nur noch unbewachsene Ausläufe anzutreffen. Die vor dem Stall liegende Fläche ist dabei meistens befestigt. Größtenteils befindet sich im Auslauf auch eine Badegelegenheit, um das Risiko von Befruchtungsdepressionen zu vermindern, obwohl der Zusammenhang zwischen Schwimmwasser und Paarungsaktivität noch stark umstritten ist. Für die Ermittlung des Flächenbedarfs können die Normen des Haltungsprogramms für Elterngänse (siehe S. 155) dienen.

Die Anforderungen der Gänse an den Stall sind niedrig. Trotzdem geht man von der bisherigen Form der Unterbringung in Primitivställen mehr und mehr ab. Im Winter müssen die Stallungen frostfrei bleiben, damit die Bruteier keinen Schaden nehmen und die Tränken nicht einfrieren. Während der legefreien Zeit kann man bis zum Einsetzen der Legevorbereitung völlig ohne Stall auskommen, insofern ein Verlustrisiko durch Raubzeug nicht besteht.

Mastmethoden und Haltung der Mastgänse

Zur Erzeugung von Schlachtgänsen gibt es verschiedene Verfahren. Sie unterscheiden sich vor allem in Dauer und Form der Haltung. In Bezug auf Haltungsdauer differenziert man zwischen folgenden drei Verfahrenstypen:

- Früh-, Broiler- oder Kurzmast: Dauer acht bis zehn Wochen, Schlachtzeitpunkt 1. Federreife
- Jungtier-, Fleisch- oder Mittelmast: Dauer 15 bis 16 Wochen, Schlachtzeitpunkt 2. Federreife
- Spät-, Weide- oder Langmast: Dauer 23 bis 32 Wochen, Schlachtzeitpunkt ab 3. Federreife

Diese Verfahren verkörpern gleichzeitig eine unterschiedliche Intensität der Produktion sowie einen differenzierten Ausmästungsgrad der Gänse.

Die Schlachtzeitpunkte sind bei Gänsen im Unterschied zu Landgeflügel wegen des großen Einflusses der Federmauser von vornherein stark eingeengt und feststehend.

Für die Anwendung und Durchführung der einzelnen Mastverfahren hat das Wachstum der einzelnen Körperteile eine große Bedeutung. Das Wachstum weist bei Gänsen einige Besonderheiten auf. Es wird maßgeblich vom Alter beeinflusst. In Bezug auf das Lebendgewicht ist die Wachstumsintensität in den ersten acht Wochen am höchsten.

Aus den in folgender Tabelle angeführten Schlachttiergewichten errechnen sich für die Zeit vom Schlupf bis zur 8. Woche mittlere Tageszunahmen in Höhe von 93 g pro Tier und von der 9. bis 16. Woche in Höhe von 27 g pro Tier.

Vergleich der Schlachtkörper- und Fleischqualität zwischen acht und 16 Wochen alten Gänsen

	8 Wochen	16 Wochen	Differenz	
			absolut	relativ (%)
Schlachtgewicht (kg)	5,2	6,7	+1,5	+29
Brustfleisch (%)	13,1	18,0	+4,9	+37
Schenkelfleisch (%)	17,8	15,5	-2,3	-13
Brusthaut (%)	5,8	6,9	+1,1	+19
Schenkelhaut (%)	4,4	5,1	+0,7	+16
Rohproteingehalt im Brustfleisch (%)	18,8	20,1	+2,3	+7
Abdominalfett (%)	2,3	3,0	+0,7	+30
Grillverlust (%)	25,4	22,4	-3,0	-12
Saftverlust (%)	32,1	28,0	-3,1	-13
Farbwert (%)	15,7	11,3	-4,4	-39

Die Muskelbildung der wertvollen Teilstücke Brust und Keule weicht von diesem Rhythmus erheblich ab. So erfolgt das Hauptwachstum der Brustmuskulatur erst in der 9. und 10. Lebenswoche. Ihr Anteil am Lebendgewicht erhöht sich in dieser Zeit gegenüber der 8. Woche, wo er generell noch sehr niedrig ist, immerhin um fast das 1,5-fache. Nach der 10. Woche lässt zwar der intensive Zuwachs an Brustfleisch wieder nach, wirkt aber weiterhin qualitätsverbessernd. Das Wachstum der Schenkelmuskulatur findet dagegen bereits nach neun Wochen seinen Abschluss. Da das Lebendgewicht nach dieser Zeit noch zunimmt, geht der relative Anteil des Schenkelfleisches am Gesamtkörper sogar etwas zurück.

Der Gehalt an subkutanem Fett erhöht sich zwischen der 8. und 16. Woche um 15 bis 20 %, womit entscheidende Verbesserungen der sensorischen Eigenschaften verbunden sind. Außerdem tragen geringer Grill- und Saftverlust sowie dunklere Ausfärbung des Fleisches maßgeblich zur Verbesserung der Schlachtkörperqualität bei.

Zentrale Bedeutung hat bei der Gänsemast die Befiederung. Nur eine zum Schlachtzeitpunkt einwandfreie Gefiederbeschaffenheit ermöglicht das lückenlose Entfiedern des Schlachtkörpers beim Rupfvorgang. Das Federkleid muss deshalb vor dem Schlachten voll entwickelt und unbeschädigt sein und darf noch keine Federneubildungen in Form von Kielen oder Stoppeln zeigen. Da die Mauser mehrmals stattfindet und bei Wassergeflügel schlagartig und sehr intensiv einsetzt, ist dieser Status nur in bestimmten Altersabschnitten und in begrenzten Fristen anzutreffen, so zwischen der 8. und 10. Lebenswoche und danach jeweils einmal in Abständen von 42 bis 44 Tagen. Gewisse Abweichungen können durch Genotyp, Fütterung und Haltung hervorgerufen werden.

Die erste Mauser, die sogenannte Juvenilmauser, steht in engem Zusammenhang mit der Befiederungsgeschwindigkeit. Schnell befiedernde Genotypen haben einen früheren Federwechsel als langsam befiedernde. **163**

Das Befiederungstempo lässt sich analog zu anderen Geflügelarten anhand des Handschwingenwachstums beurteilen. Zwischen den Rassen und Geschlechtern bestehen diesbezüglich deutliche Unterschiede.

Hinsichtlich der Verbreitung der Mastverfahren kann festgestellt werden, dass in der Gänsefleischproduktion Deutschlands Jungtiermast und Spätmast vorherrschen. Diese Verfahren liefern die typische dem Verbraucherwunsch konforme Mastgans und ermöglichen die Nutzung von wirtschaftseigenem Futter und Dauergrünland, auch in Kombination mit Landschaftspflege. Für die Erzeugung von Frühmastgänsen bestehen bei uns schon aus Rentabilitätsgründen wenig Chancen, weil sie zu tiefen, unter den deutschen Gestehungskosten liegenden Preisen in ausreichenden Mengen aus Ungarn und Polen importiert werden können. Hinzu kommt, dass sie ungeachtet deutlich niedrigerer Ladenpreise wegen der geringeren Befleischung und fehlenden Ausprägung des arttypischen Gänsegeschmacks vom deutschen Verbraucher weniger gefragt sind.

Zum Vergleich sind in folgender Tabelle die drei Mastverfahren in ihren wichtigsten Parametern gegenübergestellt.

Wichtige Kennwerte der Gänsemastverfahren

	Frühmast	Jungtiermast	Spätmast
Mastdauer (Wochen)	8 bis 10	15 bis 16	22 bis 32
Endgewicht (kg/Tier)	5,2	6,7	7,6
Konzentrat (kg/Tier)	14	28	30
davon Mischfutter (%)	100	75	30
davon Getreide (%)	-	25	70
Gras (kg/Tier)	(15)	32	140
Fläche (m²/Tier)	(7,5)	16	70
Rohverwertung			
Konzentrat (kg/kg LG)	1:2,7	1:4,2	1:3,9
Gras (kg/kg LG)	-	1:4,7	1:19

Früh- oder Kurzmast

Dieses Verfahren hat die Erzeugung fettarmer Fleischgänse zum Ziel. Es beruht auf der Ausnutzung des intensiven Wachstums im Kükenalter. Mit einem Lebendgewicht von 5 bis 5,5 kg in nur 56 bis 63 Tagen und einem Futteraufwand von 2,5 bis 3,0 kg je kg Lebendgewicht können hier sehr hohe Leistungen erzielt werden.

Noch nicht zufriedenstellend fällt die Qualität der Schlachtkörper von Frühmastgänsen aus. Vor allem ist der Brustfleischanteil zu gering. Eine Möglichkeit zur Verbesserung der Brustbemuskelung ist außer durch Selektion in der Erhöhung des Schlachtalters gegeben, weil das Wachstum dieser Gewebe vor allem in der 9. und 10. Lebenswoche intensiv verläuft.

Allerdings scheitert die praktische Realisierung dieser Erkenntnis noch immer an der Befiederung, denn Frühmastgänse setzen größtenteils bereits um den 56. Lebenstag mit der Mauser ein. Eine geringfügige Erhöhung des Schlachtalters ist durch eine geschlechtsgetrennte Mast möglich, weil männliche Tiere mit dem Federwechsel drei bis vier Tage später einsetzen. Ein weiterer Weg ist die Verwendung spätreifer Genotypen.

Schwierigkeiten bereitet bei Frühmastgänsen des Öfteren das Rupfen beim Schlachten. Verantwortlich dafür ist meistens ein durch Haltungsfehler hervorgerufenes lückenhaftes Gefieder oder Stoppligkeit der Haut infolge eines zu späten Schlachtzeitpunktes. Derartige Mängel haben drastische Abstufungen beim Verkaufspreis zur Folge. Einfluss auf den Restfederngehalt des Schlachtkörpers kann jedoch auch der Schlachtvorgang selbst ausüben. So müssen vor allem Brühtemperatur und Rupfdauer genau auf das Alter und eventuell auch auf das Geschlecht der Gänse abgestimmt sein, um eine lückenlose Entfiederung zu gewährleisten. Daher empfiehlt es sich, bei Auftreten von Schwierigkeiten neben einer geschlechtsgetrennten Mast auch eine geschlechtsgetrennte Schlachtung durchzuführen.

Bei der Haltung und Fütterung der Frühmastgänse in der Warmphase ist gemäß der Kükenaufzucht zu verfahren. Die nachfolgende Mast wird größtenteils halbintensiv als Freilandhaltung mit begrenztem Auslauf durchgeführt. Zur Unterbringung dienen meist einfache Kaltställe bzw. Offenfrontställe mit Tiefstreu oder auch nur sogenannte Wetterschutzdächer. Die dafür geltenden Richtlinien sind in folgender Tabelle zusammengestellt. Für den Kleintierhalter hat die Frühmast wenig Bedeutung. Sie erfordert einen hohen Aufwand an Konzentratfuttermitteln, wirtschaftseigene Futtermittel sind nur bedingt einsetzbar, was höhere Futterkosten verursacht.

Haltungsparameter für die Mastphase der Frühmastgänse (4. bis 10. Lebenswoche)

Besatzdichte	max. 2,5 Tiere/m^2 Stallgrundfläche
Gruppengröße	max. 2500 Tiere, Optimum 25
Einstreu	Hobelspäne, Häckselstroh; bei Bedarf nachstreuen; Einstreuhöhe 10 bis 15 cm
Temperatur	Optimum: 10 bis 15 °C, Minimum: 5 °C
Beleuchtungsdauer	14 bis 16 Stunden täglich bzw. natürlicher Lichttag
Beleuchtungsintensität	5 bis 10 Lux
Fütterung	Automaten oder Tröge; Fressplatzbedarf 2 cm/Tier
Tränken	Rinnen- oder Durchlauftränken; Tränkplatzbedarf 2 cm/Tier
Bademöglichkeit	1 bis 2 m^2 Schwimmrinne/50 Tiere oder flache Wasserschalen mit Zu- und Abfluss
Auslauf	befestigt: 2 m^2/Tier; unbefestigt: 10 m^2/Tier
Schutzdächer	7 bis 10 Tiere/m^2

Junggänse- oder Mittelmast

Die Junggänsemast stellt eine Zwischenform von Früh- und Spätmast dar. Sie dauert bis zur 2. Mauser, die in der Regel im Alter von 15 bis 16 Lebenswochen eintritt Sie gliedert sich in die Abschnitte Aufzucht (Schlupf bis 3. Lebenswoche), Vormast (4. bis 13.) und Endmast (14. bis 16. Lebenswoche).

Ziel ist die Erzeugung sogenannter Fleischgänse. Diese zeichnen sich gegenüber Frühmastgänsen durch ein um etwa 1,5 kg höheres Mastendgewicht und vor allem aber durch bessere Brustbefleischung und günstigere Fleischqualität aus. Besonders hervorgehoben werden muss die Ausbildung des gänsetypischen Geschmacks beim Bratprozess. Das hängt vor allem damit zusammen, dass dem Muskelfleisch in gewünschtem Maße Unterhautfettgewebe aufliegt. Dessen ungeachtet ist der Gehalt an Abdominalfett im Schlachtkörper nicht überhöht, wenn entsprechend den Normwerten gefüttert worden ist.

Der wirtschaftliche Vorteil der Junggänsemast besteht vor allem darin, dass sich in einer gegenüber der Spätmast vergleichsweise kurzen Haltungsdauer Schlachtkörper von hoher Qualität erzeugen lassen. Nachdem wachstumsstarke Mastgänsehybriden zur Verfügung stehen, sind auch die Unterschiede im Mastendgewicht gegenüber Spätmastgänsen nicht mehr allzu groß. Deshalb findet die Junggänsemast immer größere Verbreitung. Als Nachteil bestehen bleibt allerdings weiterhin der große zeitliche Abstand zwischen Erzeugung und Verbrauch der Schlachtkörper. Da sich der Verzehr von Gänsefleisch nach wie vor fast ausschließlich auf das Jahres-

ende beschränkt, müssen die Jungmastgänse auch überwiegend eingelagert und dem Verbraucher als Frostware angeboten werden.

Die Mast selbst beruht auf der Ausnutzung des kompensatorischen Wachstums. Nach intensiver Aufzuchternährung erfolgt in der Vormastphase bis zur 13. Lebenswoche aus nährstoffökonomischen Gründen eine verhaltene Fütterung, durch die das Körperwachstum leicht gebremst wird. Dieser Rückstand wird dann während der dreiwöchigen Endmastphase durch kompensatorisches Wachstum in Form überdurchschnittlicher Tageszunahmen wieder wettgemacht, weil die Gänse dort Mischfutter oder Getreide ad libitum angeboten bekommen. Nach diesen Prinzipien erfolgt auch die Erzeugung der bekannten polnischen Hafermastgänse. Die wichtigsten Leistungsdaten für Jungmastgänse sind aus Tabelle S. 163 ersichtlich.

Für die Unterbringung in den ersten drei bis vier Lebenswochen wird ein Aufzuchtsstall benötigt. Steht ein solcher nicht zur Verfügung, so kann man die Mast auch auf Zukauf von drei Wochen alten Gösseln aufbauen. Als Unterkunft für die Masttiere genügen dann sonstige vorhandene Ställe oder Scheunen. Wenn die Tiere nach acht Wochen ihre volle Befiederung erreicht haben, benötigen sie gar keine Unterkunft mehr und können, sofern keine Gefahr durch Raubwild gegeben und eine sichere Umzäunung vorhanden ist, von da an auch die Nacht über im Freien bleiben. Die Weideflächen sollten dann aber doch in Hofnähe liegen. Als Futter- und Tränkgeräte kommen die gleichen Vorrichtungen wie für die Jungtieraufzucht in Betracht. Sie sollten beweglich sein, damit sie zwecks Schonung des Auslaufs in regelmäßigen Abständen versetzt werden können. Richtwerte für den Geräte- und Flächenbedarf weist die folgende Tabelle aus.

Haltungsparameter für die Jung- und Spätgänsemast

	Junggänsemast (4. bis 16. LW)	Spätmast (4. bis 22./30. LW)
Besatzdichten		
Stall, Tiere/m^2	2 bis 3	5[1]/2[2]
befestigter Auslauf, m^2/Tier	2	-
unbefestigter Auslauf, m^2/Tier	10	-
Weideauslauf, Tiere/ha	400/m^2 Durchgang[3]	100-150[3]/80-100[4]
Gruppengrößen	750	1000[1]/250[2]
Tränkplatzbedarf, cm/Tier	3	3[1]/3,5[2]
Fressplatzbedarf, cm/Tier	3	3[1]/4,0[2]
Lichttaglänge, h/Tag	14 bis 16	14 bis 16
Beleuchtungsstärke, Lux/m^2	10 bis 15	10
Einstreu	Hobelspäne und Kurzstroh 10 bis 15 cm	

[1]Vormastphase, [2]Endmastphase (letzter Lebensmonat), [3]Portionsweide, [4]Standweide **167**

Spät- oder Langmast

Die Spätmast stellt das extensivste Verfahren und die klassische Form der Gänsefleischerzeugung dar. Teilweise wird sie auch als Fett- oder Weidemast bezeichnet. Charakteristisch ist die lange Haltungsdauer. Je nach Schlupftermin der Mastgössel erstreckt sie sich über einen Zeitraum von 23 bis 32 Wochen. In der Regel erfolgt eine Unterteilung in vier Haltungs- und fünf Fütterungsphasen (siehe S. 123). Produktionsziel ist eine optimal ausgemästete, wohlschmeckende Mastgans zum Frischverzehr von 7 bis 8 kg Lebendgewicht, aufgewachsen auf Grünland und ernährt mit vorwiegend wirtschaftseigenem Futter. Die wichtigsten Kennzahlen für dieses Verfahren enthält die Tabelle S. 164.

Die Spätmast hat vor allem dort Bedeutung und Chancen, wo in der näheren Umgebung eine entsprechende Nachfrage existiert und ausreichend Weideflächen zur Verfügung stehen. Nach diesem Verfahren gemästete Gänse sind speziell als frischer Festtagsbraten zu Weihnachten gedacht. Direktvermarktung ist daher angezeigt, schon aus Rentabilitätsgründen. Frisch geschlachtet bringen Spätmastgänse wie kein anderes Mastprodukt den arttypischen Geschmack des Gänsefleisches und sein vorzügliches Aroma in voller Breite zur Entfaltung. Im Vergleich zu gefrosteter Ware stellen sie ausgesprochene Spitzenqualität dar und erzielen daher mindestens doppelt so hohe Erzeugerpreise. Am höchsten werden trocken gerupfte Schlachtkörper eingestuft. Weil beim Trockenrupfen im Unterschied zum Nassrupfen und Brühen die der Haut als Schutzschicht aufliegende Epidermis unversehrt bleiben, besitzen trocken gerupfte Gänse in frischem Zustand auch eine längere Haltbarkeit.

Weidenahrung der Spätmastgänse während der Magergänsephase

An die Unterbringung sowie technische Ausstattung stellen Spätmast-gänse bis auf die dreiwöchige Aufzuchtsphase, die in einem Warmstall er-folgen muss, geringe Ansprüche. Während der langen Phase der Weide-haltung kommen sie mit einfachen Offenfrontställen aus, die durch ein Drahtgeflecht gegen das Eindringen von Raubzeug während der Nacht geschützt sein sollten. Die vierwöchige Endmast kann in Behelfsunter-künften wie Scheunen, Maschinenschuppen oder Remisen durchgeführt werden.

Gewinnung von Federn

Die Gewinnung von Federn erfolgt durch das Lebendraufen oder Rupfen beim Schlachten. Es fallen Deckfedern und Daunen an. Der Federertrag beim Schlachten hängt vor allem vom Alter der Tiere ab (siehe folgende Tabelle).

Entwicklung des Federertrags von Gänsen in Abhängigkeit vom Schlachtalter

Schlachtalter (Lebenswoche)	verwertbare Federn (g/Tier)	davon Deckfedern (g/Tier)	davon Daunen	
			(g/Tier)	%
9.	90	70	20	22
16.	160	110	50	31
23.	205	140	65	32
30.	220	150	70	32

Das Lebendraufen ist bei sachgemäßer Durchführung weder von Nach-teil auf die Legeleistung oder die Befruchtungsrate der Elterngänse noch auf Zunahmen oder Futteraufwand. Im Hinblick auf die Schlachtkörper-qualität führt es sogar zu leichten Vorteilen. Beim Lebensraufen werden diejenigen Federn gewonnen, welche die Gänse zur Mauserzeit verlieren. Der Zeitpunkt für das Raufen muss deshalb jeweils am Beginn einer Mau-ser liegen, wenn die Federn reif sind, das heißt keine blutigen Kiele mehr vorkommen.

Die Mauser setzt bei Jungtieren erstmals im Alter von acht bis zwölf Wochen und bei Zuchttieren am Ende einer Legeperiode ein. In der Auf-zucht bzw. fortpflanzungsfreien Zeit kommt es jeweils im Abstand von sechs bis sieben Wochen zu weiteren Federwechseln. Zuchtgänse können somit unter den Bedingungen eines natürlichen Fortpflanzungsrhythmus am Ende der Legeperiode sowie im August und Oktober gerauft werden. Jungmastgänse ermöglichen eine einmalige und Spätmastgänse je nach Schlupftermin eine 2- bis 4-malige Federngewinnung. Das Raufen soll bei allen Gänsen während der kalten Jahreszeit und bei Mastgänsen etwa vier bis sechs Wochen vor dem geplanten Schlachttermin unterbleiben. Der Federertrag kann für dreimaliges Raufen bei einjährigen Gänsen mit etwa

169

240 g Federn und 50 g Daunen und bei zweijährigen mit etwa 350 g bzw. 100 g kalkuliert werden. Wer diese zusätzliche Leistung seiner Gänse nutzen möchte, muss sich zuvor über die aktuellen Bestimmungen des Tierschutzes erkundigen.

Richtwerte für den Federnertrag beim Lebendraufen (Angaben kumulativ)

Altersgruppe (Häufigkeit des Raufens)	verwertbare Federn (g/Tier)	davon Deckfedern (g/Tier)	davon Daunen	
			(g/Tier)	%
Wachsende Gänse				
1 x	50-70	45-60	5-10	10-14
2 x	140-190	120-160	20-30	14-16
3 x	250-340	210-280	40-60	16-18
Erwachsene Gänse				
1 x	80-120	60-90	20-30	24-29
2 x	190-270	130-190	60-80	29-31
3 x	300-420	200-290	100-130	32-33

Gesunderhaltung der Gänse

Obwohl Gänse im Vergleich zu anderen Geflügelarten nicht so vielen Krankheiten ausgesetzt sind, darf die Frage der Gesunderhaltung nicht unterschätzt werden. Man unterscheidet zwischen nichterregerbedingten und erregerbedingten Krankheitsformen. Als Ursachen für nicht erregerbedingte Erkrankungen kommen vor allem angeborene gesundheitliche Mängel, Brutfehler, Haltungsmängel, Ernährungs- und Stoffwechselstörungen, Stressbelastung und Vergiftungen in Betracht. Erregerbedingte Krankheiten werden durch pathogene (krank machende) Mikroorganismen (zum Beispiel Bakterien, Viren, Pilze, Protozoen, Parasiten) hervorgerufen. Zwischen diesen Ursachenkomplexen bestehen vielfältige Wechselbeziehungen. Dadurch wird das Erkennen, Bekämpfen und Behandeln von Krankheiten sehr erschwert.

Im Rahmen dieses Buches kann nur schwerpunktmäßig und stichpunktartig auf das Krankheitsgeschehen eingegangen werden; zunächst einige wenige Anmerkungen zum nicht erregerbedingten Krankheitskomplex bei Gänsen. Als Erbschaden spielt hier der Kipp- oder Drehflügel eine größere Rolle, dessen Auftreten durch Untertemperaturen in der Brut, zu hohen Tierbesatz in der Aufzucht und Laufen auf Bodenrosten begünstigt wird. Haltungsbedingte Folgen sind Bein- und Fußballenerkrankungen, die in erster Linie auf einer nicht tiergerechten Gestaltung der Laufflächen von Stall und Auslauf beruhen. Mängel in der Ernährung verursachen bei Gänsen ähnliche Störungen wie bei anderen Geflügelarten (siehe Abschnitt Ernährung). Stress muss in Verbindung mit Haltungsfehlern für das Auftreten von Daunenknabbern bei Gösseln und für Federfressen allgemein mehr als Ursache angesehen werden.

Über die wichtigsten erregerbedingten Gänsekrankheiten gibt die Übersicht auf den folgenden Seiten Auskunft. Die zu jeder Krankheit sehr knappen Angaben sind für den Züchter und Halter eine Orientierungshilfe für die regelmäßig durchzuführende Gesundheitskontrolle gedacht. Sie reichen nicht für eine exakte Diagnose bzw. eine gezielte Bekämpfung und Behandlung einer Krankheit aus. Dazu ist ohnehin ein Tierarzt zu konsultieren.

Die Übersicht zeigt aber, dass trotz der relativ geringen Zahl von Krankheiten eine Vielzahl von Erregern und Übertragungswegen existiert. Daher müssen die Maßnahmen zur Gesunderhaltung umfassend angelegt und gut aufeinander abgestimmt sein. Das Hauptaugenmerk verdient die Vorbeugung. Grundlage sollten zunächst die optimale Gestaltung von Haltung, Fütterung und Betreuung sein, denn Unzulänglichkeiten und Fehler senken die Widerstandskraft der Tiere und begünstigen den Ausbruch erregerbedingter Krankheiten.

Die zweite Hauptaufgabe der Vorbeuge besteht in der Vorsorge gegen die Verbreitung der Erreger, damit sie gar nicht erst die Tiere infizieren können. Deshalb ist jeder Bestand gegen das Einschleppen und Ausbreiten von Erregern zu schützen. In Großanlagen gibt es speziell dafür entwickelte und erprobte Methoden, wie Dislokalisation der Standorte, Schwarz-Weiß-Prinzip oder Rein-Raus-Methode. Sie sind in herkömmlichen Anlagen oder bei kleineren Beständen nicht anwendbar. Trotzdem kann durch das Einhalten bestimmter Grundregeln wirksam vorgebeugt werden. Dazu zählen vor allem die gewissenhafte Planung und Durchführung von Brutei- und Tierkäufen. Es sollten nur Tiere von solchen Beständen bezogen werden, deren Gesundheitsstatus bekannt ist und amtlich attestiert wird. Außerdem ist bei Zukauf eine etwa dreiwöchige Quarantäne der Tiere anzustreben. Innerhalb des Bestandes gilt es, Übertragungen von Alttieren auf Küken zu verhindern, weil Letztere besonders empfindlich sind und nach solchen Infektionen sehr stark und verlustreich erkranken können.

Weiterhin spielt die Bekämpfung und Vernichtung von Erregern eine Rolle. Voraussetzung für eine wirksame Desinfektion ist die Reinigung bzw. Sauberhaltung von Stall, Einrichtungsgegenständen, Geräten und Auslauf. Sie gehört zu den wichtigsten laufenden Betreuungsarbeiten. Darüber hinaus ist vor jeder Neubelegung, zumindest jährlich einmal, der Stall gründlich zu desinfizieren. Dieser Desinfektion hat ebenfalls eine Reinigung vorauszugehen. Nachdem dies grob mit Schaufel, Spachtel und Besen erfolgt ist, kommt dazu noch eine Nassreinigung. Dadurch wird schon ein großer Teil der Erreger vernichtet. Außerdem führt dies zum Auflösen der die Keime umgebenden Fett- und Schmutzschicht, was eine wichtige Voraussetzung für die Wirkung eines Desinfektionsmittels ist. Anzustreben ist eine Nassreinigung mit heißem Wasser.

Übersicht erregerbedingte Krankheiten

Krankheit	Erreger und Übertragungsweg	Auftreten	Krankheitsbild	Bekämpfung
Aspergillose	Schimmelpilze; Übertragung durch Brutschrank, Futter oder Einstreu	Vorwiegend bei Jungtieren	Erhöhtes Wärmebedürfnis, Atembeschwerden, Abmagerung, Schläfrigkeit, Durchfall	Beseitigung der Infektionsquelle; Vorbeugung Begasung von Brutschränken und Futterbehältern
Cholera	*B. Pasteurella multocida*; Übertragung durch Wildvögel, Schadnager, Futter, Wasser, Schlachtabfälle	In allen Altersgruppen: relativ selten vorkommend; anzeigepflichtig	schleimiges Nasen-Augensekret, Lähmungserscheinungen, stinkender, dünnflüssiger, gräulicher Kot, Atemnot, Verluste von über 50 %.	Sulfonamide und Antibiotika; zur Vorbeugung eventuell Impfung
Derzy'sche Krankheit, Parvovirose	Parvovirus; Übertragung durch Kot, Eier, Staub sowie durch Enten und Warzenenten	Erkrankung der Gänseküken in der 2. bis 3. Woche: Verlustgeschehen länger andauernd	Wachstumsdepressionen, Befiederungsstörungen, Mattigkeit, Schnupfen, Durchfall, rasch ansteigende Todesfälle bis zu 95 %	Heilung erkrankter Tiere kaum möglich; Vorbeuge durch Impfung der Elterntiere
Infektiöse Myokarditis, REO-Virus, Gänsepest	REO-Viren; Übertragung durch Kot, Staub, Bruteier	Erkrankung der Gänseküken nach 1 bis 2 Lebenstagen, Erreger nur bis zur 3. Lebenswoche krank machend	Krankheiten scheinen ähnlich wie bei der Derzy'schen Krankheit; dünnflüssiger weißlicher Durchfall bis zur Austrocknung; stärkerer Schleimausfluss aus Schnabel, Nasenöffnungen und Augen verbunden mit Schleuderbewegungen des Kopfes; Ausfälle 60 % und mehr	Behandlung nicht möglich, da kein spezifischer Impfstoff vorhanden, eventuell Einsatz eines Rekonvaleszenten-Serums
Kokzidiose des Darms	Kokzidien (vor allem *Eimeria anseris*) Übertragung hauptsächlich. durch Kot und Einstreu	Meistens im Alter von 2 bis 3 Wochen	Weißer Durchfall, Mattigkeit, Abmagerung, Todesfälle	Sulfonamide, trockene Einstreu Tränkplatzhygiene; Vorbeuge durch allgemeine Hygiene

173

Krankheit	Erreger und Übertragungsweg	Auftreten	Krankheitsbild	Bekämpfung
Kokzidiose der Nieren	Kokzidien *Eimeria truncata*	Im Alter von 3 Wochen bis 3 Monaten	Weißlicher Durchfall; Gleichgewichtsstörungen; Verdrehen von Kopf und Hals, Apathie, Abmagerung, hohe Verluste	Wie Dünndarmkokzidiose
Magenwurm-Befall	Magenwürmer *Amidostomum anserisin* der Keratinschicht des Muskelmagens; Ausscheidungen durch Kot; Übertragung durch Auslauf oder Gewässer	Jungtiere (Alter 3 bis 8 Wochen) stärker betroffen als Alttiere; Auftreten vor allem im Sommer	Abmagerung, Appetitlosigkeit, Kopfschlenkern, Schlingbeschwerden; Atemnot, Zittern; aber bei Jungtieren Todesfälle ohne Krankheitserscheinung	Behandlung mit speziellem Wurmmittel zur Vorbeuge Auslaufpflege und -hygiene; getrennte Haltung von Jung- und Alttieren
Ornithose	Chlamydia-Bakterien; Übertragung durch Einatmen von erregerhaltigem Staub oder von Aerosolen aus chlamydienhaltigen Sekreten; Übertragbar auf Menschen	Sichtbare Erkrankung und Todesfälle nur bei Jungtieren; meldepflichtig	Mattigkeit, schwankender Gang, Gelenkveränderung, Lidbindehautentzündung, Trübung der Hornhaut, Nasenausfluss, Atemnot, Futterverweigerung	Antibiotika; Vorbeuge durch gute Allgemeinhygiene, Schadnagerbekämpfung
Salmonellose (Paratyphus)	Bakterien; Übertragung durch Kot, Futter, Einstreu, Gewässer, Brutei; gefährlich für den Menschen	Teilweise ohne sichtbare Anzeichen; gehäufte Ausfälle im Embryonal- und Kükenstadium	Erwachsene Tiere erscheinen gesund; Brutdefekte; bei Küken Durchfall, erhöhtes Wärmebedürfnis, Bindehautentzündung	Schwer erkrankte Tiere merzen, sonst Antibiotikaeinsatz; zur Vorbeuge Keimeinschleppung verhindern, verseuchte Gewässer und Ausläufe meiden, gewissenhafte Brut- und Aufzuchthygiene

Die Desinfektion erfolgt meistens mit chemischen Mitteln. Am bekanntesten und verbreitetsten ist Formaldehyd, das ein breites Wirkungsspektrum hat. Es kann zusammen mit Kaliumpermanganat zur Begasung des Stalles dienen. Wegen möglicher gesundheitlicher Gefahren ist jedoch Formalin seit Längerem in der öffentlichen Diskussion und die Anwendung seitens des Gesetzgebers mit strengen Auflagen versehen. Über amtlich zertifizierte Ersatzmittel und deren Ausbringung sollte man sich beim zuständigen Veterinäramt informieren und auf Billigangebote im Sanitärhandel lieber verzichten.

Fehlen die Voraussetzungen für eine chemische Desinfektion, kann eventuell auf mechanische Methoden zurückgegriffen werden. Als praktisch bewährt gilt das Scheuern mit einer 2 %igen Sodalösung. Ställe aus Holz oder Mauerwerk werden im Anschluss an die Desinfektion mit Kalkmilch gekalkt (1 Teil Löschkalk auf 3 Teile Wasser).

Zur Desinfektion des Auflaufes gehört dessen sorgfältige Pflege. Günstig ist ein regelmäßiger Wechsel und Umbruch der Weidefläche. Nach dem Umbrechen wird mit Branntkalk und Superphosphat in einer Menge von je 100 bis 150 g/m^2 desinfiziert.

Brutkalender

Ein-lage-tag	Februar			März			April			Mai			Juni			Juli		
	1. Schierung 10. Tag	2. 27. Tag	Schlupf 30. Tag	1. Schierung 10. Tag	2. 27. Tag	Schlupf 30. Tag	1. Schierung 10. Tag	2. 27. Tag	Schlupf 30. Tag	1. Schierung 10. Tag	2. 27. Tag	Schlupf 30. Tag	1. Schierung 10. Tag	2. 27. Tag	Schlupf 30. Tag	1. Schierung 10. Tag	2. 27. Tag	Schlupf 30. Tag
1.	10.2.	27.2.	1.3.	10.3.	27.3.	30.3.	10.4.	27.4.	30.4.	10.5.	27.5.	30.5.	10.6.	27.6.	30.6.	10.7.	27.7.	30.7.
2.	11.2.	28.2.	2.3.	11.3.	28.3.	31.3.	11.4.	28.4.	1.5.	11.5.	28.5.	31.5.	11.6.	28.6.	1.7.	11.7.	28.7.	31.7.
3.	12.2.	29.2.	3.3.	12.3.	29.3.	1.4.	12.4.	29.4.	2.5.	12.5.	29.5.	1.6.	12.6.	29.6.	2.7.	12.7.	29.7.	1.8.
4.	13.2.	1.3.	4.3.	13.3.	30.3.	2.4.	13.4.	30.4.	3.5.	13.5.	30.5.	2.6.	13.6.	30.6.	3.7.	13.7.	30.7.	2.8.
5.	14.2.	2.3.	5.3.	14.3.	31.3.	3.4.	14.4.	1.5.	4.5.	14.5.	31.5.	3.6.	14.6.	1.7.	4.7.	14.7.	31.7.	3.8.
6.	15.2.	3.3.	6.3.	15.3.	1.4.	4.4.	15.4.	2.5.	5.5.	15.5.	1.6.	4.6.	15.6.	2.7.	5.7.	15.7.	1.8.	4.8.
7.	16.2.	4.3.	7.3.	16.3.	2.4.	5.4.	16.4.	3.5.	6.5.	16.5.	2.6.	5.6.	16.6.	3.7.	6.7.	16.7.	2.8.	5.8.
8.	17.2.	5.3.	8.3.	17.3.	3.4.	6.4.	17.4.	4.5.	7.5.	17.5.	3.6.	6.6.	17.6.	4.7.	7.7.	17.7.	3.8.	6.8.
9.	18.2.	6.3.	9.3.	18.3.	4.4.	7.4.	18.4.	5.5.	8.5.	18.5.	4.6.	7.6.	18.6.	5.7.	8.7.	18.7.	4.8.	7.8.
10.	19.2.	7.3.	10.3.	19.3.	5.4.	8.4.	19.4.	6.5.	9.5.	19.5.	5.6.	8.6.	19.6.	6.7.	9.7.	19.7.	5.8.	8.8.
11.	20.2.	8.3.	11.3.	20.3.	6.4.	9.4.	20.4.	7.5.	10.5.	20.5.	6.6.	9.6.	20.6.	7.7.	10.7.	20.7.	6.8.	9.8.
12.	21.2.	9.3.	12.3.	21.3.	7.4.	10.4.	21.4.	8.5.	11.5.	21.5.	7.6.	10.6.	21.6.	8.7.	11.7.	21.7.	7.8.	10.8.
13.	22.2.	10.3.	13.3.	22.3.	8.4.	11.4.	22.4.	9.5.	12.5.	22.5.	8.6.	11.6.	22.6.	9.7.	12.7.	22.7.	8.8.	11.8.
14.	23.2.	11.3.	14.3.	23.3.	9.4.	12.4.	23.4.	10.5.	13.5.	23.5.	9.6.	12.6.	23.6.	10.7.	13.7.	23.7.	9.8.	12.8.
15.	24.2.	12.3.	15.3.	24.3.	10.4.	13.4.	24.4.	11.5.	14.5.	24.5.	10.6.	13.6.	24.6.	11.7.	14.7.	24.7.	10.8.	13.8.
16.	25.2.	13.3.	16.3.	25.3.	11.4.	14.4.	25.4.	12.5.	15.5.	25.5.	11.6.	14.6.	25.6.	12.7.	15.7.	25.7.	11.8.	14.8.
17.	26.2.	14.3.	17.3.	26.3.	12.4.	15.4.	26.4.	13.5.	16.5.	26.5.	12.6.	15.6.	26.6.	13.7.	16.7.	26.7.	12.8.	15.8.

Einlage-tag	Februar 1. Schierung 10. Tag	Februar 2. Schierung 27. Tag	Februar Schlupf 30. Tag	März 1. Schierung 10. Tag	März 2. Schierung 27. Tag	März Schlupf 30. Tag	April 1. Schierung 10. Tag	April 2. Schierung 27. Tag	April Schlupf 30. Tag	Mai 1. Schierung 10. Tag	Mai 2. Schierung 27. Tag	Mai Schlupf 30. Tag	Juni 1. Schierung 10. Tag	Juni 2. Schierung 27. Tag	Juni Schlupf 30. Tag	Juli 1. Schierung 10. Tag	Juli 2. Schierung 27. Tag	Juli Schlupf 30. Tag
18.	27.2.	15.3.	18.3.	27.3.	13.4.	16.4.	27.4.	14.5.	17.5.	27.5.	13.6.	16.6.	27.6.	14.7.	17.7.	27.7.	13.8.	16.8.
19.	28.2.	16.3.	19.3.	28.3.	14.4.	17.4.	28.4.	15.5.	18.5.	28.5.	14.6.	17.6.	28.6.	15.7.	18.7.	28.7.	14.8.	17.8.
20.	29.2.	17.3.	20.3.	29.3.	15.4.	18.4.	29.4.	16.5.	19.5.	29.5.	15.6.	18.6.	29.6.	16.7.	19.7.	29.7.	15.8.	18.8.
21.	1.3.	18.3.	21.3.	30.3.	16.4.	19.4.	30.4.	17.5.	20.5.	30.5.	16.6.	19.6.	30.6.	17.7.	20.7.	30.7.	16.8.	19.8.
22.	2.3.	19.3.	22.3.	31.3.	17.4.	20.4.	1.5.	18.5.	21.5.	31.5.	17.6.	20.6.	1.7.	18.7.	21.7.	31.7.	17.8.	20.8.
23.	3.3.	20.3.	23.3.	1.4.	18.4.	21.4.	2.5.	19.5.	22.5.	1.6.	18.6.	21.6.	2.7.	19.7.	22.7.	1.8.	18.8.	21.8.
24.	4.3.	21.3.	24.3.	2.4.	19.4.	22.4.	3.5.	20.5.	23.5.	2.6.	19.6.	22.6.	3.7.	20.7.	23.7.	2.8.	19.8.	22.8.
25.	5.3.	22.3.	25.3.	3.4.	20.4.	23.4.	4.5.	21.5.	24.5.	3.6.	20.6.	23.6.	4.7.	21.7.	24.7.	3.8.	20.8.	23.8.
26.	6.3.	23.3.	26.3.	4.4.	21.4.	24.4.	5.5.	22.5.	25.5.	4.6.	21.6.	24.6.	5.7.	22.7.	25.7.	4.8.	21.8.	24.8.
27.	7.3.	24.3.	27.3.	5.4.	22.4.	25.4.	6.5.	23.5.	26.5.	5.6.	22.6.	25.6.	6.7.	23.7.	26.7.	5.8.	22.8.	25.8.
28.	8.3.	25.3.	28.3.	6.4.	23.4.	26.4.	7.5.	24.5.	27.5.	6.6.	23.6.	26.6.	7.7.	24.7.	27.7.	6.8.	23.8.	26.8.
29.	9.3.	26.3.	29.3.	7.4.	24.4.	27.4.	8.5.	25.5.	28.5.	7.6.	24.6.	27.6.	8.7.	25.7.	28.7.	7.8.	24.8.	27.8.
30.				8.4.	25.4.	28.4.	9.5.	26.5.	29.5.	8.6.	25.6.	28.6.	9.7.	26.7.	29.7.	8.8.	25.8.	28.8.
31.				9.4.	26.4.	29.4.				9.6.	26.6.					9.8.	26.8.	29.8.

Anhang

Literaturverzeichnis

Anonym: **Geese Production.** Edinburgh 1974.

Anonym: **Raising Geese.** Washington 1972.

Ashton, Chr.: **Domestic Geese.** Ramsbury, Marlborough, Crowood Press Ltd. 1999.

BDRG: **Rassegeflügelstandard für Europa in Farbe.** Howa Druck&Satz GmbH, Nürnberg 2006.

Bergmann, H.-H., Kruckenberg, H. und Wille, V.: **Wilde Gänse.** G. Braun Buchverlag, Karlsruhe 2006.

Bessei, W.: **Bäuerliche Hühnerhaltung.** Verlag Eugen Ulmer, Stuttgart 1988.

Bieslada-Drzarga, B. u. a.: **Einfluss der Fütterung von Alleinfutter mit unterschiedlichen Anteilen an Sojabohnen- und Sonnenblumen-extraktionsschroten auf das Wachstum und den Körperbau von Mastgänsen.** Arch. Geflügelk. 72(1), Stuttgart 2008.

Crawford, R. D.: **Poultry Breeding and Genetics.** Elsevier 1990.

Bogenfürst, F.: **Liba.** Mezögazdasági Kiado, Budapest 1993.

Engelmann, C. H.: **Vererbungsgrundlagen und Zuchtmethoden bei Geflügel.** Neumann Verlag, Radebeul 1975.

Estermann, M.Th.: **Hühner, Gänse, Enten.** Verlag Eugen Ulmer, Stuttgart 2005.

FAOSTAT: © **FAO Statistics.** Division 2010.

Gerth, C., Tüller, R. und Bierschenk, F.: **Enten, Gänse, Spezialgeflügel.** Verlagsunion Agrar, Münster-Hiltrup 2000.

Golze, M.: **Haltung von Mastgänsen.** KTBL, Darmstadt 2009.

Guy, G und Buckland R.: **Goose production.** FAO: Animal production and health. Paper 154, Rom 2002.

Jeroch, H., Clauß, F. und Meixner, B.: **Geflügelfütterung.** Deutscher Landwirtschaftsverlag, Berlin 1987.

Jeroch, H. und Dänicke, S.: **Faustzahlen zur Geflügelfütterung.** Geflügeljahrbuch 2010, Verlag Eugen Ulmer, Stuttgart 2009.

Hoerz, M.: **Gans.** Media Service Verlag, Stuttgart 2002.

Kirchgessner, M.: **Tierernährung.** DLG-Verlag, Frankfurt/Main 1992.

Kupsch, W.: **Das Gänsebuch.** Verlag F. Pfenningstorf, Berlin 1950.

Lorenz, K.: **Ethologie der Graugans.** R. Piper GmbH, München 1988.

Lüthgen, W.: **Wassergeflügelkrankheiten.** Verlag Oertel+Spörer, Reutlingen 2002.

Lüttitz, H. v.: **Enten und Gänse halten.** Verlag Eugen Ulmer, Stuttgart 2005.

Mihók, S.: **Tyúk, gyöngytyúk, pulyka, kacsa, pézsmaréce, lúd.** MGK 712031/06, Budapest 2006.

Müller, H.: **Geflügelwirtschaft.** Neumann Verlag, Radebeul 1969.

Oswald, P.-E.: **Unsere Enten und Gänse.** Verlag Oertel+Spörer, Reutlingen 2006.

Pingel, H.: **Enten.** Deutscher Landwirtschaftsverlag. Berlin 1995.

Platzbecker, M.: **Der große Geflügelstandard in Farbe.** Band 3: Wassergeflügel. Verlag Oertel+Spörer, Reutlingen 2005.

Raethel, H.-S.: **Wasser- und Wasserziergeflügel.** Verlag Oertel+Spörer, Reutlingen 2005.

Romanov, M.N. u. a.: **Studies on Geese of Ukraine and Russia – Research Aspects.** Proceedings 9th Internationales Symposium on Waterfowl, S. 105-108, Pisa 1992.

Römer, R. und Paret, L.: **Gänse und Enten.** Verlag Eugen Ulmer, Stuttgart 1955.

Rosinski, A.: **Goose production in Poland and Eastern Europe.** in: FAO Animal production and health. Paper 154, Appendices, Rom 2002.

Rosinski, A. und Bednarccyk, M.: **Hatchability and embryo development in two strains of White Italian Geese.** in: Proceedings 11th Europian Symposium on Waterfowl, Nantes, France 1997.

Rutschke, E.: **Die Wildgänse Europas.** Deutscher Landwirtschaftsverlag, Berlin 1987.

Rutschke, E.: **Wildgänse.** Parey Buchverlag, Berlin 1997.

Schwarze, E. und Schröder, L.: **Kompendium der Geflügelanatomie.** Gustav Fischer Verlag, Jena 1979.

Siegmann, O. und Neumann, E.: **Kompendium der Geflügelkrankheiten.** Schlütersche Verlagsgesellschaft, Hannover 2005.

Six, A. und Müller, B.: **Vererbung bei Hühnern und Wassergeflügel.** Verlag Oertel+Spörer, Reutlingen 2007.

Stammbuchordnung: **Stammbuch Lippegans.** www.lippegans.de 2010.

SV Deutscher Gänsezüchter: Zuchtverzeichnis Gänse 2009. Persönliche Mitteilung des Vorsitzenden J. Schelberger vom 21.06.2010.

Timmler, R.: **Untersuchungen zur Verdaulichkeit faserreicher Futtermittel sowie deren Einfluß auf Mastleistung und physiologische Parameter im Verdauungstrakt bei Gänsen.** Dissertation, Martin-Luther-Universität, Halle-Wittenberg 1995.

Woernle, H.: **Geflügelkrankheiten.** Verlag Eugen Ulmer, Stuttgart 1994.

Zentrale Dokumentation Tiergenetischer Ressourcen in Deutschland. www.grdeu.genres.de/, Monitoring und Dokumentation 2009.

Vogt, M.: **Die Lippegans,** www.geseke.de 2010.

Register